# The Hebrew Primer
# דֶרֶךְ בִּינָה

by
Ruby G. Strauss
with
Ahuva Schuller & Lillian W. Adler

designed & illustrated by
Guy Brison-Stack

Behrman House, Inc.

# Lesson 1

בּ ב

VET BET

Vowel: ֵ

**Page 3**
Lesson 1

בּ בּ ב ב בּ ב 1

בֵּ בֵ בֵּ בֵ בֵ בֵּ בֵ בֵּ 2

בֵּבֵּ בֵבֵ בֵבֵּ בֵּבֵ בּב 3

בֵּבּ בֵב בֵבּ בֵּב בֵּבּ 4

בֵּבֵ בֵּב בֵבֵ בֵב בֵּבֵ 5

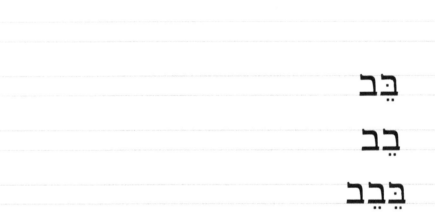

בּ

ב

בֵּב

בֵב

בֵּבֵב

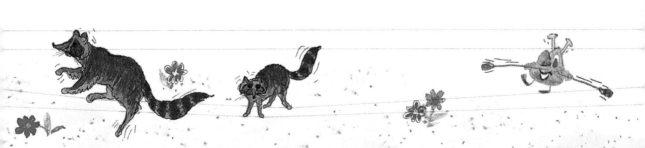

Two letters and vowels on each line
are exactly the same. Circle the twins.

| | | | | | |
|---|---|---|---|---|---|
| בּ | בֵּ | בֵ | בֵּ | ב | 1 |
| בֵּ | ב | בֵּ | ב | בּ | 2 |
| בֵ | בֵּ | בּ | בֵ | ב | 3 |
| בּ | בֵּ | ב | בֵ | בֵּ | 4 |
| בּ | ב | בֵּ | בֵּ | בֵ | 5 |

# Lesson 2

ד ר

DALET RESH

New vowels: ◌ַ ◌ָ

Letters you know: ב בּ

Vowel you know: ◌ֵ

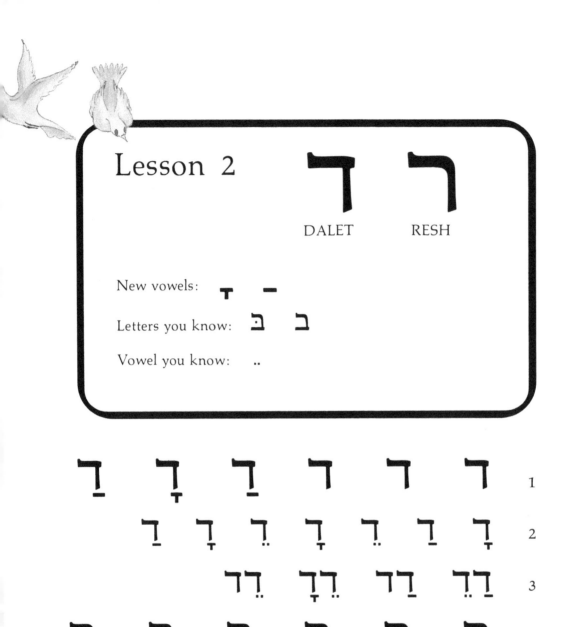

ד ד ד דַ דָ דַ 1

דָ דַ דֵ דָ דֵ דָ דַ 2

דַדֵ דַד דֵדָ דֵד 3

ר ר ר רָ רַ רָ 4

רֵ רַ רָ רֵ רֵ רָ רָ 5

6   רַךְ   רַר   רֵֽר   רֵר

7   דָךְ   רַר   רֵֽךְ   דַֽר

8   דֵֽר   רֵֽךְ   רָֽר   רַךְ

9   דַֽבֵֽ   רֵֽבַ   בָּךְ   דָֽבְ   בַֽד

10   רָב   רָֽבָב   בַּר   בָּֽרְד   דַֽבֵּֽר

**Page 7**
Lesson 2

ר

ד

רָב

דָר

בַּר

דַבֵּר

בָּרָד

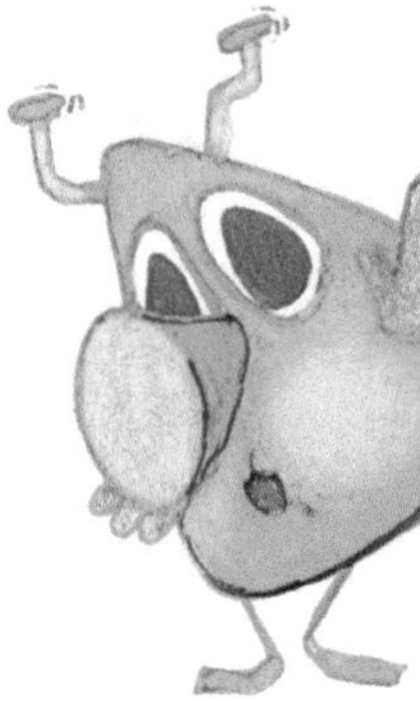

One letter on each line does not belong.
Cross out the letter that is different.

1 ד ד ד ד ד ר ד ד

2 ר ר ר ר ד ר ר ר

3 ב ב ב בּ ב ב ב ב

4 בּ ב ב ב ב ב ב ב

5 ד ד ד ד ד ד ב ד

6 ר ר ר ר ר ר ר בּ

7 בּ בּ בּ בּ ר בּ בּ בּ

8 ב ב ד ב ב ב ב ב

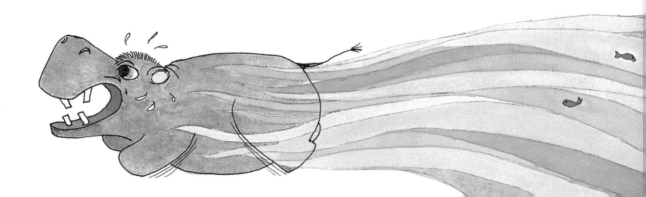

Circle the name of each letter.

| | | | | |
|---|---|---|---|---|
| DALET | BET | RESH | VET | בּ |
| BET | RESH | VET | DALET | ב |
| VET | DALET | BET | RESH | ד |
| RESH | VET | DALET | BET | ר |

Write the Hebrew letter.

BET _____

VET _____

DALET _____

RESH _____

**Page 11**
Lesson 2

Speed Reading

1 דַבֵּ רֵבַ בֵּרֵ בָּב

2 בָּב בָבֵּ דָבֵ בַּבַ

3 בָדֵ דֵר דֵרַ רָב דַר

4 בַּר רַד דָר דָבָר

5 דָבּ בֵרַ בָּרָד דַבֵּר בֵּרַב

# Lesson 3

שׂ  שׁ

SIN  SHIN

Letters you know: ד  ר  ב  בּ

Vowels you know: ַ  ָ  ֵ

שַׁ  שָׁ  שֵׁ  שָׁ  שֵׁ  שַׁ  1

שַׁשָׁ  שָׁשֵׁ  שֵׁשָׁ  שַׁשֵׁ  2

שָׂ  שֵׂ  שַׂ  שָׂ  שַׂ  שֵׂ  3

שַׂשָׂ  שֵׂשֵׂ  שַׂ  שֵׂ  שֵׂשָׂ  4

שַׂ  שֵׁ  שָׁ  שַׁ  שֵׂ  שָׂ  שֵׁ  5

6 שֵׁשַׁ שֵׁשׁ שָׂשֵׂ שָׂשׂ

7 שֵׂשַׁ שָׂשַׂ שָׁשֵׂ שַׂשֵׁ

8 שַׁבָּ שָׂרָ שֵׁדַ שָׁבַ

9 רַשׁ שָׂשׁ שֵׁב שַׂר דָשׁ

10 בָּשָׂר דָרַשׁ שָׁבַר שָׂרַד

**Page 13**
Lesson 3

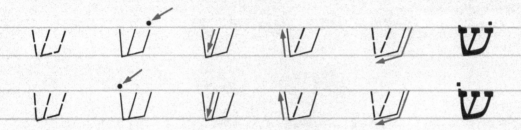

שׁ

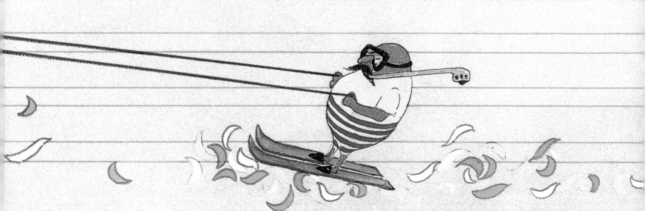

שׂ

שָׁשׁ שָׂשׂ

שָׁב שַׂר

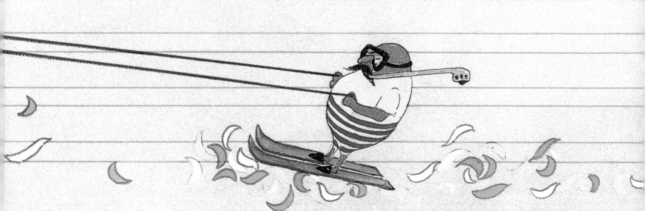

שָׁר

Circle the sounds that are the same on each line.

1 רַב רַד בַּר רָשׁ רָד

2 שָׁר רַשׁ בַּשׁ שַׁר שַׂר

3 שַׁבָּ בָּב שָׁבַּ בַּשׁ רָשׁ

4 שַׂר שָׂרָ שָׂשׂ רַשׂ שַׂשׂ

5 דֵד רֵד דַשׁ רַד דָשׁ

**Page 15**
Lesson 3

Write the Hebrew letter on the computer key under its name.

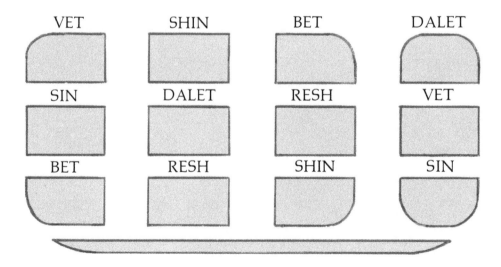

| VET | SHIN | BET | DALET |
|-----|------|-----|-------|
| SIN | DALET | RESH | VET |
| BET | RESH | SHIN | SIN |

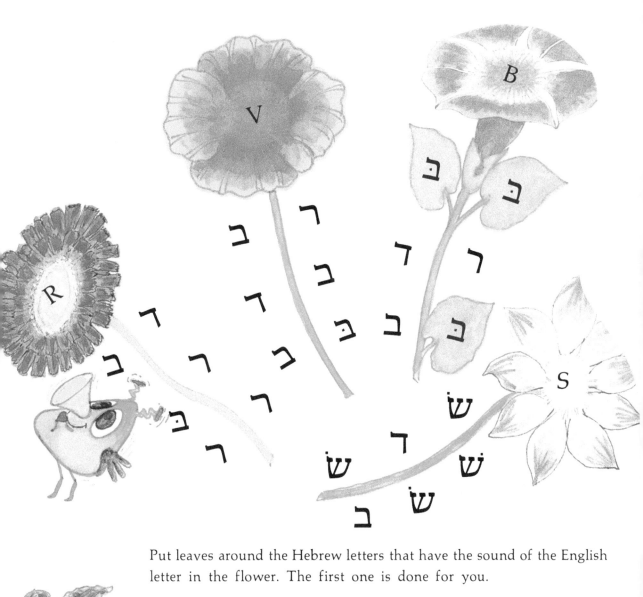

Put leaves around the Hebrew letters that have the sound of the English letter in the flower. The first one is done for you.

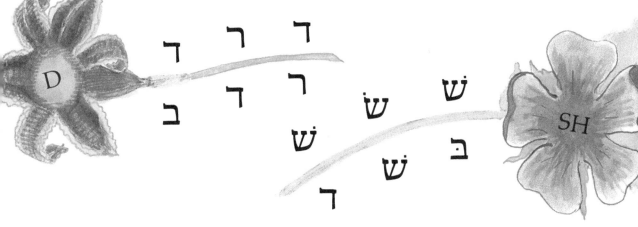

# Lesson 4   תּ ת

TAV

Letters you know: בּ ב ר ד שׁ שׂ

Vowels you know: ָ ַ ֵ

תָּ תֵּ תַּ תֵּ תַּ תָּ 1

תַּתֵּ תֵּתַּ תָּתַּ תָּתֵּ תֵּתֵּ 2

תֵ תַ תָ תֵ תֵ תָ תַ 3

תֵתַּ תֵת תָּתֵּ תָת 4

5 בַּת דַת תֵּת שָׁת

6 תֵּשַׁ תֵּשֵׁב תֵּבָ תֵּבַת

7 שַׁבָּת שָׁבַת שָׁרֵת רָתָת

8 דָבָר רַבַּת בָּרָד דַבֵּר

9 שָׁר שָׁשׁ בַּד רַב שֵׁת

**Page 19**
Lesson 4

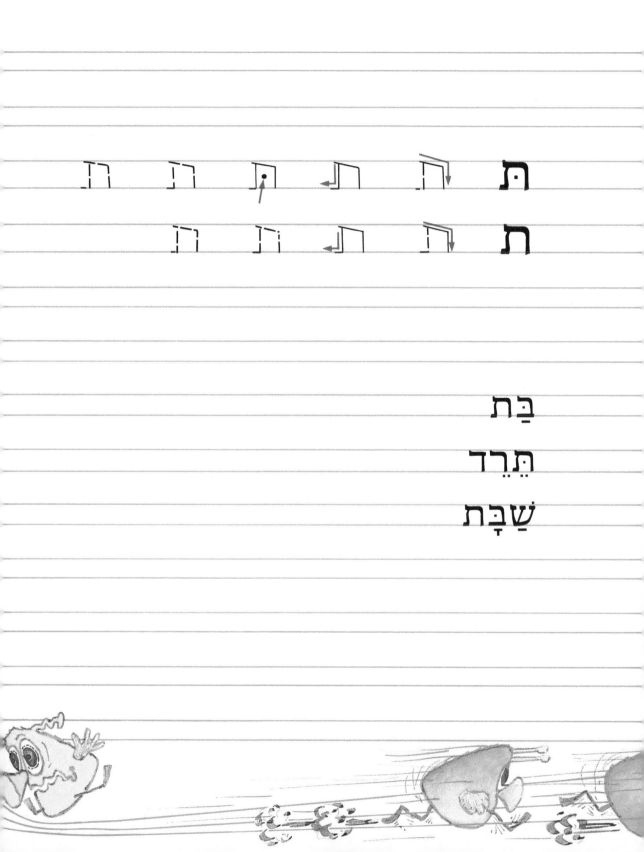

תּ

ת

בַּת

תֵּרֵד

שַׁבָּת

Connect the letters in each box
that are the same.

בּ
שׁ
תּ
שׁ

תּ
בּ
שׁ

בּ
תּ
שׁ

תּ
בּ
תּ
בּ

ד
ר
ד
ר
בּ
תּ

ת

שׁ
ד
ר
שׁ

שׁ
שׁ
ר
ד

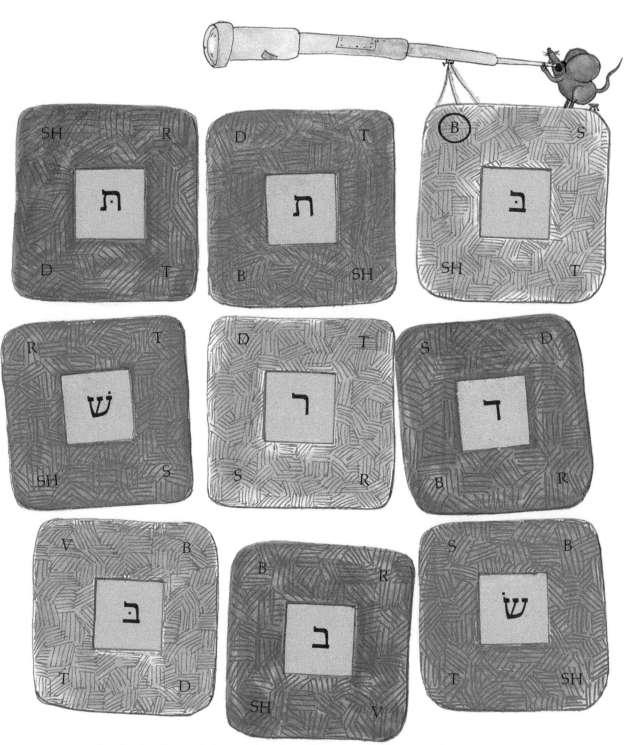

Circle the English letter that has the sound of the Hebrew letter in the box. The first one is done for you.

שֵׁד
רַד
שֵׂשׁ
בָּרָד
דַת
תֵּשׁ
בַּת
רַבַּת
שַׁבָּת
בָּשָׂר
שָׂשׁ
SIN
RESH
TAV
BET
DALET
SHIN

Read the list of Hebrew words. Look at the first letter of each word. Write each Hebrew word on the correct drawer in the filing cabinet.

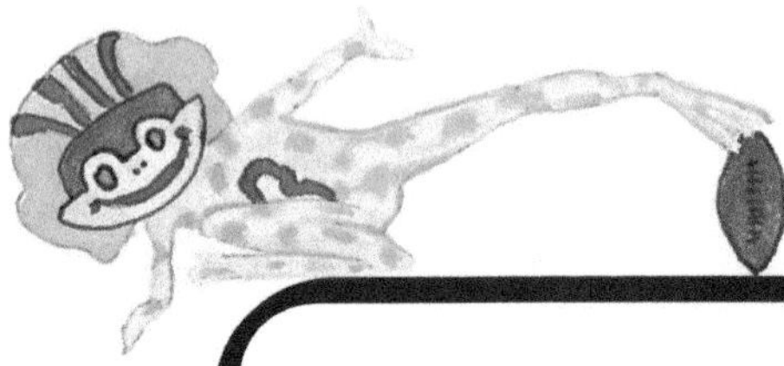

# Lesson 5

מ ל

MEM LAMED

Letters you know: בּ ב ר ד שׁ שׂ תּ ת

Vowels you know: ָ ַ ֵ

1 לַ לָ לַ לֵ לָ לֵ

2 לַלָ לֵלָ לַלֵ לָלָ לַלַ

3 מַ מֵ מָ מֵ מֵ מַ

4 מַמֵ מָמַ מֵמָ מָמֵ מַמַ

5 לָמַ לֵמֵ לַמֵ לֵמַ לֵל

6 מַלֵ מֵלַ מֵלֵ מָלַ מַל

7 לֵבַ לָרֵ לַדַ לָשַׁ לַתֵ

8 מֵבּ מַר מַד מָשׁ מַתּ

9 לָבַשׁ לָתֵת לֵבָב בַּלֵבָב

10 שָׁמַשׁ שָׁמַר תָּמָר לָמַד

**Page 25**
Lesson 5

ל ל ל ל ל ל

מ מ מ מ מ

מָדַד      לָתֵת

מָשָׁל      לֵב

מַר      לָמַד

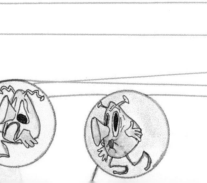

One letter in each group of balloons does not belong. Cross out the letter that is different.

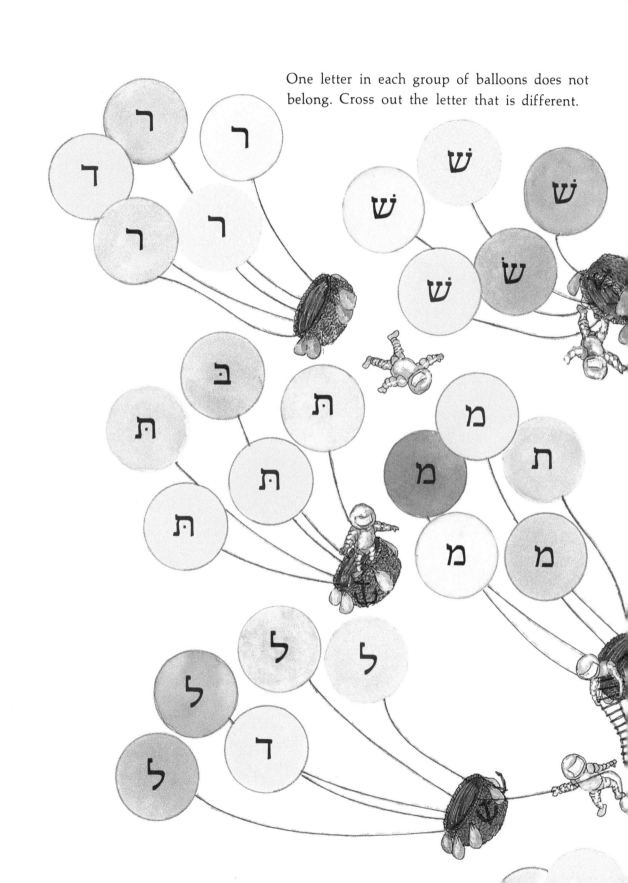

Circle the sound of the English letter in the Hebrew words.

1 L לֵבָב דָבָר דָלַל בַּל

2 M מַר מֵת שַׁמָשׁ לָמַד

3 V בַּלֵבָב לָבַשׁ רַב לֵב

4 T מֵת תָּמָר לָתֵת שַׁבָּת

5 S שָׂר שַׂר שָׂשׂ מָשָׁל

6 B בָּרָד דַבֵּר שָׁב בַּר

7 SH שַׁמָשׁ שֵׁב שָׂשׂ דָרַשׁ

8 R רַב בָּד תָּמָר דַל

9 D דַבֵּר דָרַשׁ מַר בָּד

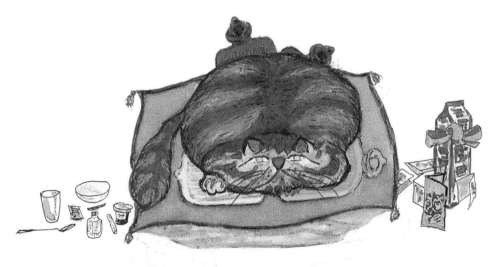

Read the beginning sounds with the ending sound in the box.

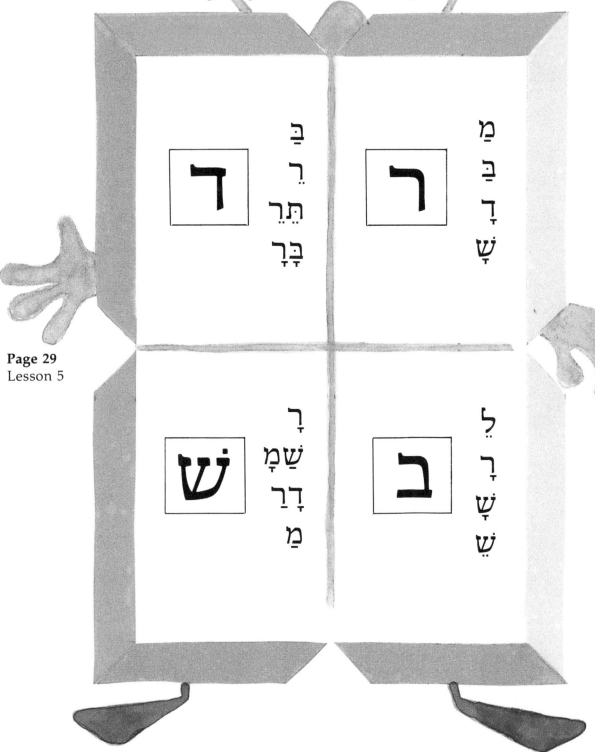

**ר**

מַ
בַּ
דָ
שָׁ

**ד**

בַּ
רֵ
תֵּרֵ
בָּרָ

**ב**

לֵ
רָ
שָׁ
שֵׁ

**שׁ**

רָ
שַׁמָ
דָרַ
מַ

Say the name of each
Hebrew letter.

Words to read and understand.

| | | | | |
|---|---|---|---|---|
| תָּמָר | מַר | שַׂר | שָׁר | בַּר |
| date | Mr. | leader | sings | son |
| שָׁרֵת | לָתֵת | שֵׁת | שֵׁב | שֵׁשׁ |
| service | to give | Seth | sit! | six |
| שַׁבָּת | רַבַּת | שָׁת | דַת | בַּת |
| Sabbath | many | put | religion | daughter |
| רֵשׁ | שָׂשׂ | שָׁב | בָּד | רַב |
| "R" | glad | returned | linen | rabbi |

**Page 31**
Lesson 5

| | | | |
|---|---|---|---|
| שַׁמָּשׁ | שָׁמַר | שָׁבַר | דָבָר |
| attendant | guarded | broke | thing |
| לָמַד | בַּלֵּבָב | לֵבָב | לָבַשׁ |
| studied | in the heart | heart | wore |
| דַבֵּר | דָרַשׁ | בָּרָד | מָשָׁל |
| speak! | explained | hail | proverb |

# Lesson 6

## ם

FINAL MEM

New Vowels: וּ וֹ

Letters you know: בּ ב ר ד שׁ
שׂ תּ ת מ ל

Vowels you know: ◌ֵ ◌ַ ◌ָ

1 וֹ וּ ם וֹם וּם

2 בּוֹ בוֹ רוֹ דוֹ שׁוֹ שׂוֹ

3 תּוֹ תוֹ לוֹ מוֹ לֹ מֹ

4 בּוֹם רוֹם תּוֹם לוֹם דֹם

5 תּוֹרָ מוֹשָׁ לוֹבֵ לוֹמֵ דוֹד

6 דָרוֹ מָרוֹ שָׁלוֹ שָׁלֹ דֹר

7 בּוּ רוּ לוּ מוּ שׁוּ

8 בּוּל רוּר לוּל שָׁמוּ

9 מַבּוּל בָּרוּר לוּלָב שָׁמוּר

10 שׁוּם שׁוּמַר רָשׁוּם רָדוּם

11 דוֹרֵשׁ שׁוֹמֵר מָרוֹר מָרוֹם

12 שָׁלֵם שָׁלוֹם תּוֹרַת תּוֹרָתוֹ

מ

ו

שֵׁם             דּוֹד

שָׁלוֹם        לוֹ

רָדוּם

Read the English sound in the box. Circle the Hebrew sound that is the same as the English sound in the box.

| | |
|---|---|
| Boom | בוֹם תוֹם בּוּם לוֹם |
| Mah | שָׁ מֵ מָ רֵ מוֹ |
| Lo | לוּ מוֹ לָ לוֹ רוֹ |
| Room | דוֹם רוֹם דוּם רוּם |
| Shah | שֵׁ שָׁ שַׂ בָּ בֵ תֵ |
| Doo | רוּ דוֹ דוּ דָ תוּ תוֹ |
| Too | תַּ בּוּ תוֹ תּוּ בֵ תֵ |
| Lah | לָ דָ רֵ שָׁ לֵ שֵׂ רָ |

Add the letter or vowel in the box to the words. Then read the words.

1 | וֹ | שָׁל_ם ר_ם תּ_רַת ד_ד

2 | וּ | בָּר_ר מַבּ_ל ל_לָב שָׁמ_ר

3 | ם | שָׁלוֹ_ רוֹ_ מָרוֹ_ דָרוֹ_

4 | ל | _וֹמֵד מַבּוּ_ שָׁ_ֵם _ָבָשׁ

5 | שׁ | _ָם _ַמָ_ מוֹ_ָב לוֹבֵ_

6 | ד | לָמַ_ _ָם _וֹר _ֹ_

7 | מ | _וּשָׁב לוֹ_ֵד _ָרוֹם _ַר

**Page 36**
Lesson 6

One word in each row does not rhyme. Cross out the word.

1 תַּם רָם לוֹם שָׁם

2 מוּם שׁוּם בּוּם רוֹם

3 בּוּל מַבּוּל לוּל דוֹם

4 דָם לוֹם דוֹם רוֹם

5 תַּל לוּל בַּל דַל

6 בַּב שָׁב רַב בַּבַּ

7 לָבָ לֵב שֵׁב דֵב

| | | |
|---|---|---|
| מַבּוּל | מֵת | דוֹלָר |
| בָּרוּר | לוֹמֵד | שַׁבָּת |
| שַׁל | לָבַשׁ | שָׁשׁוּ |

| | | |
|---|---|---|
| רוֹם | שָׂר | דַת |
| דָרַשׁ | דוֹם | שָׁשׁ |
| דוֹר | שָׁלוֹם | שָׁרֵת |

Play TIC TAC TOE with a classmate. Before you make an X or O you have to read the word in the square correctly.



| | | |
|---|---|---|
| בָּרָד | מָשָׁל | לָתֵת |
| לֵב | רָם | דַבָּר |
| תָּמָר | רַב | שַׁדֵר |

Words to read and understand.

| לוּלָב | מַבּוּל | מָרוֹר | מוֹשָׁב |
|---|---|---|---|
| lulav | flood | bitter herbs | settlement |

| לָבַשׁ | לוֹבֵשׁ | לָמַד | לוֹמֵד |
|---|---|---|---|
| wore | wears | studied | studies |

| דָרוֹם | מָרוֹם | רָם | דָם | שָׂם | שָׁם |
|---|---|---|---|---|---|
| south | high place | high | blood | puts | there |

| שֵׁם | שַׁמָּשׁ | שָׁלֵם | שָׁלוֹם | שַׁבָּת |
|---|---|---|---|---|
| name | attendant | whole | peace | Sabbath |

| תּוֹרָתוֹ | שָׁלֹשׁ | בָּרוּר | דוֹר | דוֹד |
|---|---|---|---|---|
| His Torah | three | clear | generation | uncle |

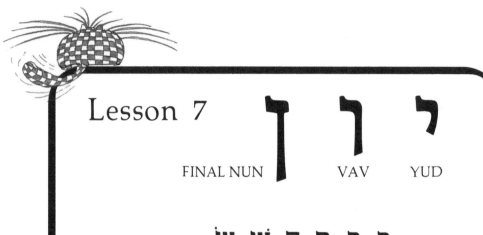

# Lesson 7

י ו ן

YUD VAV FINAL NUN

Letters you know: בּ ב ר ד שׁ שׂ
תּ ת מ ל ם

Vowels you know: ֵ ַ ָ וֹ וּ

1 יַ יֵ יוֹ יָ יוּ יֹ

2 יָד יוֹם יֵשׁ יָם יוֹד

3 יוֹשֵׁ יוֹמָ יָדוֹ יָבֵ יָלוּ

4 בַּיוֹ בַּיָ תַּיָ דַיָ דַיֵ לַיוֹ

5 בֵּי לֵי דַי תָי לוּי בּוֹי

6 וָ וֹ וֵ וַ וּ וֹ

7 וָו וַדַי וָרֹ וָרֹד וָדֹ וָדֹר

8 וָן בַן וֵן בֵן ווּן בוּן

9 יוֹן יוֹמָן יָשָׁן יָשֵׁן יָוֵן יָוָן

10 בֵּית בֵּין וּבֵין מָתַי תַלוּי

**Page 41**
Lesson 7

י

ו

ן

וָו בֵּן

יוֹם יָוָן

יֵשׁ

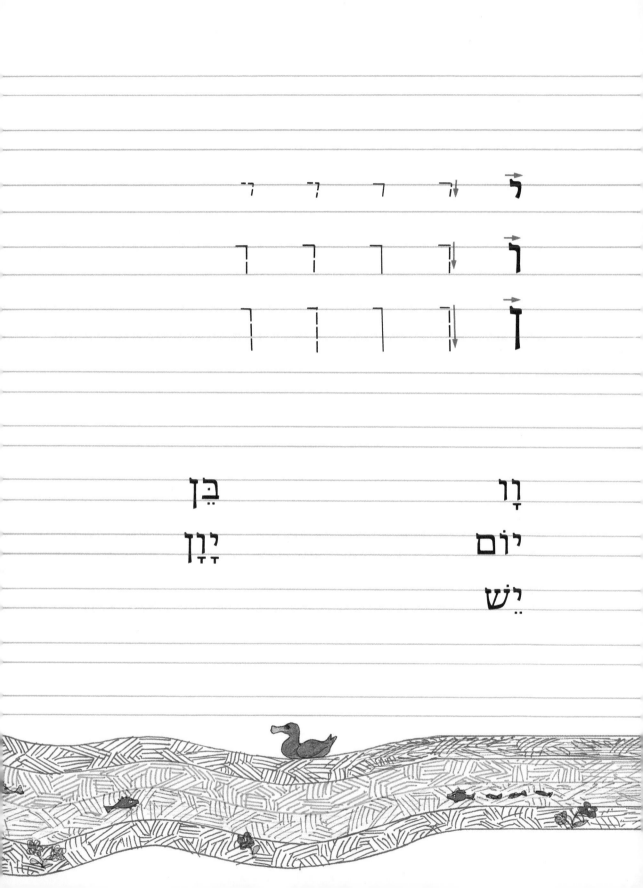

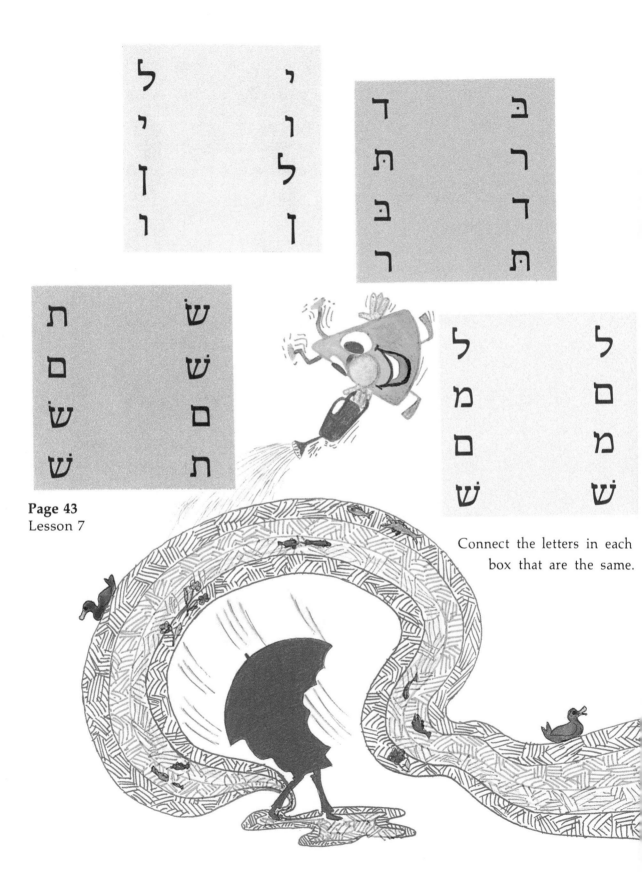

| | |
|---|---|
| ל | י |
| י | ו |
| ז | ל |
| ו | ז |

| | |
|---|---|
| ד | בּ |
| תּ | ר |
| בּ | ד |
| ר | תּ |

| | |
|---|---|
| ת | שׂ |
| ם | שׁ |
| שׂ | ם |
| שׁ | ת |

| | |
|---|---|
| ל | ל |
| מ | ם |
| ם | מ |
| שׁ | שׁ |

Connect the letters in each box that are the same.

Read the beginning sounds with the ending sound in the box.

| | |
|---|---|
| בֵּי<br>שַׁבָּ<br>בַּ<br>רָמוֹ | **ת** |

| | |
|---|---|
| יָשֵׁ<br>מָלוֹ<br>מוּבָ<br>יָןָ | **ז** |

| | |
|---|---|
| תֵּשֵׁ<br>יָשַׁ<br>לֵבַ<br>שׁוֹבָ | **ב** |

| | |
|---|---|
| שֵׁ<br>שָׁלֵ<br>מָרוֹ<br>דָ | **ם** |

Circle the two rhyming sounds on each line.

1 בָּלוֹן שֵׁן יָד וָו מָלוֹן

2 מַתָּן יָם בֵּן שָׁר תֵּן

3 תָּו יָשֵׁן רָב מַתָּ יֵשׁ

4 דַיָן דוֹר יָשֵׁן בּוֹר יוֹתֵר

5 יוֹם רָשׁ בַּיוֹם יוֹתֵר יָם

6 תַּיָר לוֹ דַיָר מֵם דַשׁ

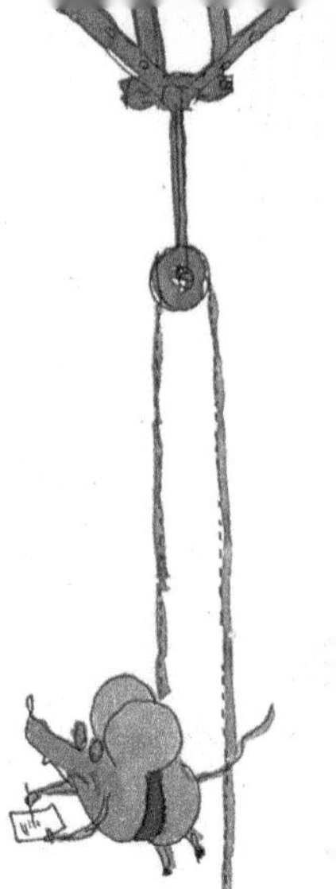

Bag the Hebrew words. Look at the first letter of each word. Write each Hebrew word in the bag that has the name of that letter.

מַתָּן תָּם לָבָן וָרוֹד יָרַד רֵד

מָרוֹם וָו יָשֵׁן תָּם לָן יָד

תָּיַר רָם לָשׁוֹן מַר

LAMED
VAV
YUD
MEM
TAV
RESH

(3) יָשַׁב
(3) דַיָּן
(3) מָלוֹן
(2) שָׁב
(3) מַתָּן
(1) שֵׁן
(3) שָׂשׂוֹן
(2) תֵּן
(2) בָּיוֹם
(1) בַּת
(1) רֵד
(3) לָשׁוֹן
(2) יָם
(2) יוֹם

With your eyes shut, aim your pencil point at the drawing. Wherever your pencil lands, that is the word you must read. Add the number on the cloud to your score. Play with a friend and see who can get the highest score. You each have five chances.

Words to read and understand.

| Hebrew | English |
|---|---|
| יוֹרֵד | goes down |
| יָרַד | went down |
| יוֹרֵשׁ | heir |
| יָרַשׁ | inherited |
| יוֹתֵר | more |
| יָם | sea |
| יוֹם | day |
| בַּיּוֹם | on the day |
| יֵשׁ | there is |
| בֵּין | between |
| בֵּית | house of |
| יוֹשֵׁב | sits |
| יָשַׁב | sat |
| יָשׁוּב | will return |
| תַּיָּר | tourist |
| וָו | hook |
| יָשָׁן | old |
| יָשָׁר | honest |
| יָשֵׁן | sleeps |
| שֵׁן | tooth |
| מָלוֹן | hotel |
| דַּיָּן | judge |
| מַתָּן | gift |
| מוּבָן | meaning |
| לָשׁוֹן | language |
| יָד | hand |

# Lesson 8

# ע א

AYIN ALEF

New Vowel - Silent: ְ

Letters you know: בּ ב ר ד שׁ שׂ
תּ ת מ ל ס י ו ן

Vowels you know: ֵ ַ ָ וֹ וּ

1 אַ אָ אֵ אוֹ אֹ אוּ

2 אֵל אַל אָב אַתְּ אַם אֵין

3 בּוֹרֵא בָּרָא אֹתוֹ אֹתָם

4 עֵ עוֹ עוּ עַ עָ עֹ

5 עֵת עֵם עַם עוֹד עַל עָלַי

6 לְמַ מְדַ לְעוֹ וְאָ בְּתוֹ בְּבֵי

7 עַד וְעַד עַמוֹ לְעַמוֹ לֹא

8 אוֹר עוֹר עוֹלָם לְעוֹלָם

9 יוֹדֵעַ יָדַע דַעַת לָדַעַת

10 שְׁמַע שׁוֹמֵעַ שְׁמוֹ וּשְׁמוֹ

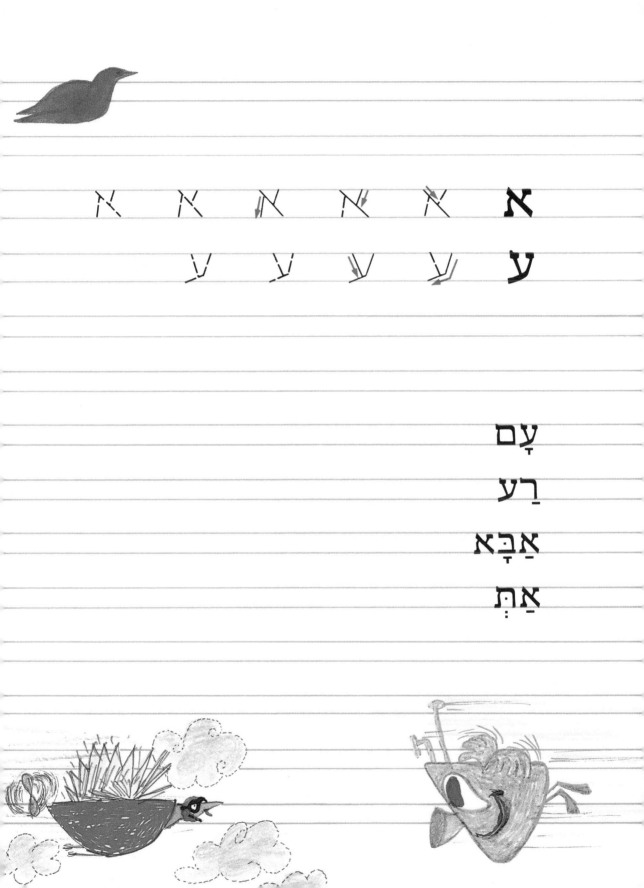

**א** א א א א א

**ע** ע ע ע ע

עָם

רַע

אַבָּא

אַתְּ

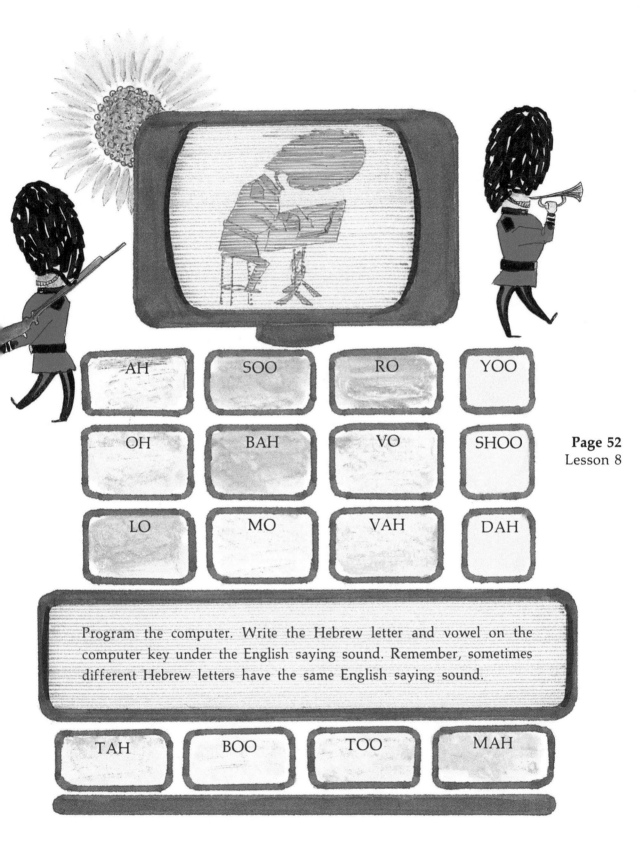

AH | SOO | RO | YOO

OH | BAH | VO | SHOO

LO | MO | VAH | DAH

Program the computer. Write the Hebrew letter and vowel on the computer key under the English saying sound. Remember, sometimes different Hebrew letters have the same English saying sound.

TAH | BOO | TOO | MAH

One word in each line does not rhyme. Underline the word.

1 יָדוּעַ רָעוּעַ מַדוּעַ שְׁמַע

2 אָמַר דַבֵּר שָׁמַר תָּמָר

3 עוֹבֵד עוֹמֵד מְאֹד יוֹרֵד

4 שֵׁן אָרוֹן שָׁרוֹן בָּרוֹן

5 שׁוֹמֵעַ תוֹבֵעַ לָן יוֹדֵעַ

6 דָם יָוָן יָם שָׁם

7 שְׁמוֹ עוֹבֵד עַמוֹ אַמוֹ

8 שׁוּב בּוּב אֲבָל מוּב

Fill the pails. Add the missing letters and read the completed word.

Read these eight Hebrew words:

אַרְבַּע אַבָּא יָדַע תֵּשַׁע שָׁמַע

מָבוֹא שְׁמַע תָּבַע

Circle the silent letter in each word.

The two silent Hebrew letters are __________ and __________.

Find and circle the silent vowel in two words.

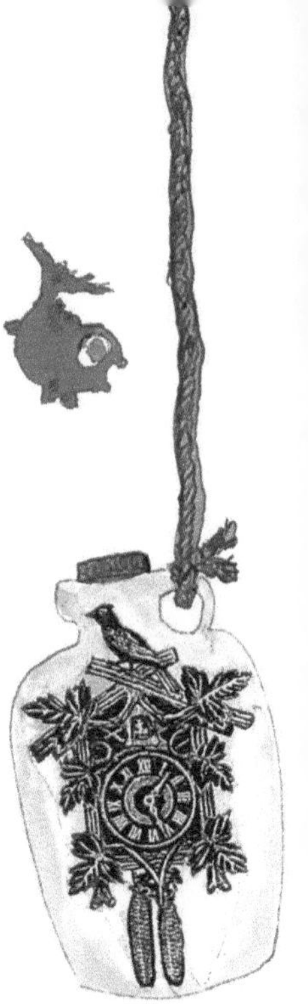

Words to read and understand.

| | | | |
|---|---|---|---|
| מָבוֹא | אָדוֹן | אָרוֹן | אָבוֹת |
| introduction | Mr., sir | ark | fathers |
| מַדוּעַ | לָדַעַת | יָדַע | יוֹדֵעַ |
| why | to know | knew | knows |
| שָׁאַל | שׁוֹאֵל | אָמַר | אוֹמֵר |
| asked | asks | said | says |
| לַעֲשׂוֹת | לַעֲבֹד | עָבַד | עוֹבֵד |
| to do | to work | worked | works |
| שָׂשׂוֹן | לַעֲמֹד | עָמַד | עוֹמֵד |
| rejoicing | to stand | stood | stands |
| שָׁבוּעוֹת | שָׁבוּעַ | שְׁמַע | שׁוֹמֵעַ |
| Shavuot | week | hear! | hears |
| לְמַעַן | מְאֹד | לְעַמּוֹ | עַמּוֹ |
| for the sake of | very | to his people | his people |

| | | | |
|---|---|---|---|
| שָׁעוֹן | אַרְבַּע | תֵּשַׁע | בְּתֵאָבוֹן |
| clock | four | nine | good appetite! |

# Lesson 9

נ ג

GIMMEL NUN

Letters you know: בּ ב ר ד שׁ שׂ תּ ת
מ ל ם י ו ן א ע

Vowels you know: ◌ֵ ◌ַ ◌ָ וֹ וּ ◌ְ

**Page 57**
Lesson 9

1 גַ גוֹ גֵ גוּ גְ גָ

2 גָדוֹ גְבוּ גוֹאֵ מָגֵ גָלוּ

3 גַם גַן גַג גוּר גָר גוּשׁ

4 גַלְגַל גוֹאֵל גוֹמֵל גָדוֹל

5 נוּ נַ נָי נֵי נוֹ נָ

6 אָנוּ בָּנוּ לָנוּ שָׁנוּ מָנוּ

7 נָא אַנָא עָנָן עֵינֵי בְּנֵי

8 נוֹתֵן נָתַן נָתְנוּ נְאוּם

9 נָדָב גָנָב נָגַד נֵר גֵר

10 גָמָל נָמָל גָרוֹן נָבוֹן

11 עָלֵינוּ אֲבוֹתֵינוּ בֵּינֵינוּ דַיֵנוּ

נ

ג

נוֹתֵן גַג

נֵר נַגֵן

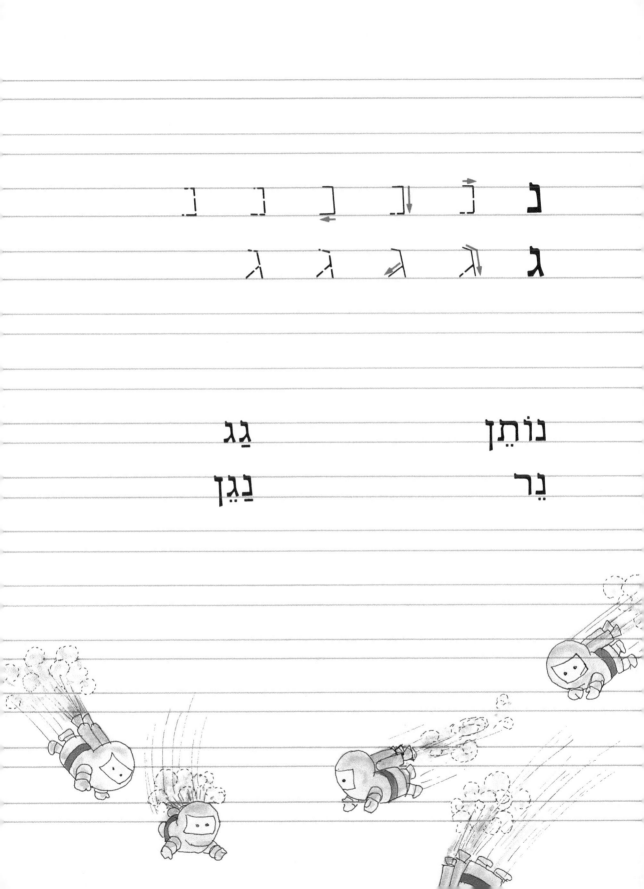

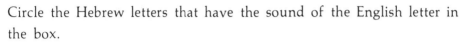

Circle the Hebrew letters that have the sound of the English letter in the box.

| | | | | | | | | |
|---|---|---|---|---|---|---|---|---|
| Y | ו | י | ן | שׁ | ת | ב | נ | |
| N | ו | מ | ג | נ | ם | ן | י | |
| G | נ | ר | ד | ו | ג | י | ן | |
| V | בּ | ב | שׂ | ו | ן | י | ג | |
| T | ת | ר | ד | מ | תּ | ם | בּ | |
| R | ד | ב | בּ | ר | מ | ם | ג | |
| D | ר | ת | ד | ן | ם | ג | ב | |
| M | ן | מ | נ | ד | ם | ר | א | |
| Silent | ע | שׁ | נ | א | שׂ | ג | ן | ם |
| SH | שׂ | ע | שׁ | מ | ר | ד | בּ | |

Each word in
Column 1 rhyme
with a word in
Column 2.
Connect the
rhyming words.

**Column 2**

שֵׁם
גֵּר
שָׁעוֹן
בְּנוּ
נָדַד
נָמֵל
בּוֹדֵד
שׁוֹאֵל
בֵּן

**Column 1**

אֵם
תֵּן
גּוֹאֵל
נוֹדֵד
גָּמָל
נֵר
גָּאוֹן
לָנוּ
שָׁדַד

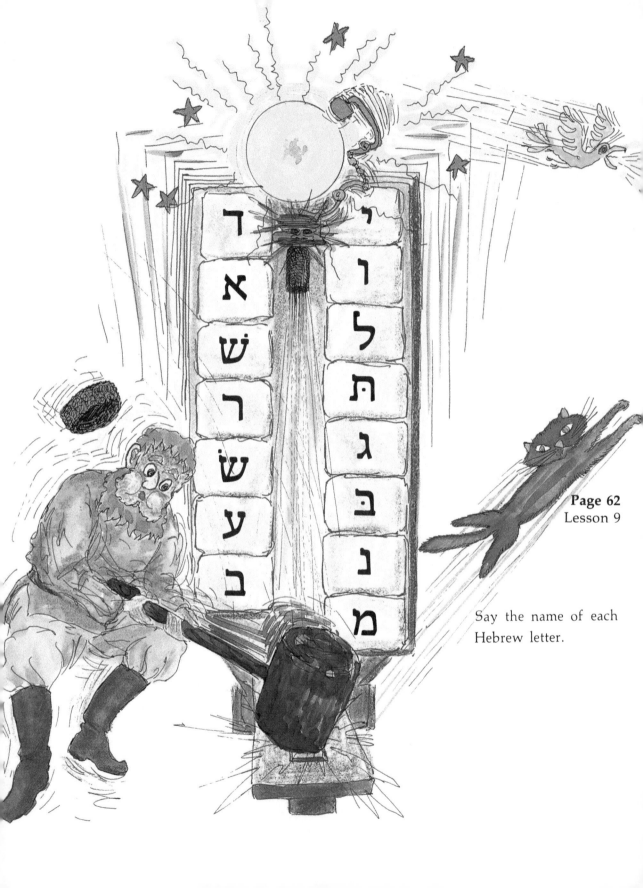

Say the name of each Hebrew letter.

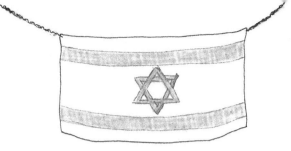

How fast can you read the words? Time yourself and see if you can read faster and faster.

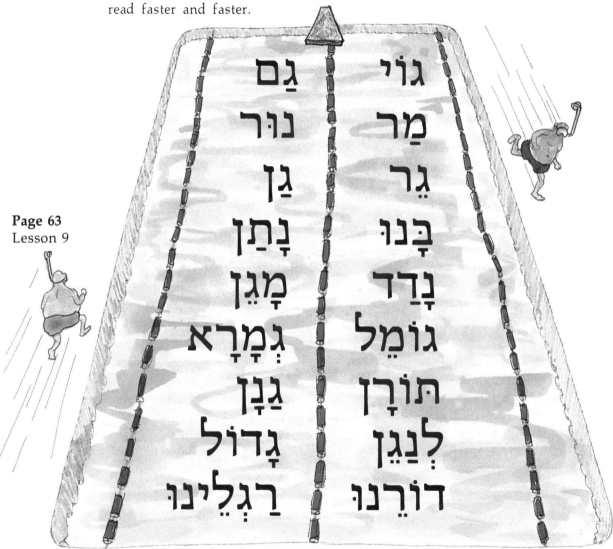

| Lane 1 | Lane 2 |
|---|---|
| גוֹי | גַם |
| מַר | נוּר |
| גֵר | גַן |
| בָּנוּ | נָתַן |
| נָדַד | מָגֵן |
| גוֹמֵל | גְמָרָא |
| תּוֹרָן | גַנָן |
| לְנַגֵן | גָדוֹל |
| דוֹרֵנוּ | רַגְלֵינוּ |

**Page 63**
Lesson 9

Challenge a friend to a swimming race. One player reads Lane 1 while the other reads Lane 2. Swim one lap (go back *and* forth) and see who finishes first.

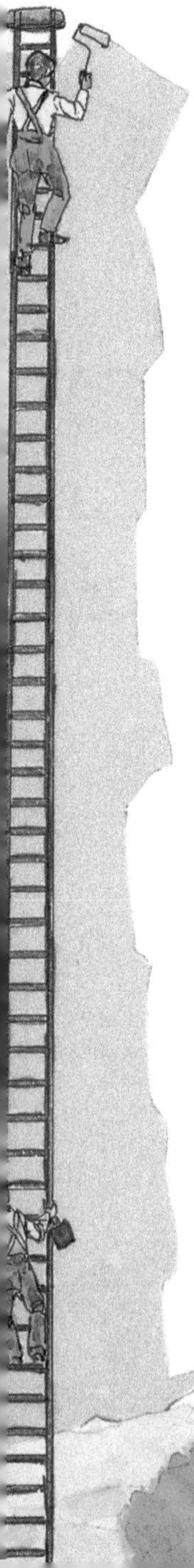

Words to read and understand.

| | | | | | |
|---|---|---|---|---|---|
| גֵּר | גַּם | נֵר | גַּן | בְּנֵי | **1** |
| stranger | also | candle | garden | children of | |

| | | | | |
|---|---|---|---|---|
| אֲבוֹתֵינוּ | דּוֹרֵנוּ | רַגְלֵינוּ | לָנוּ | **2** |
| our fathers | our generation | our feet | to us | |

| | | | | |
|---|---|---|---|---|
| מְנַגֵּן | לְנַגֵּן | לָגוּר | גָּר | **3** |
| plays (an instrument) | to play (an instrument) | to live | lives | |

| | | | | |
|---|---|---|---|---|
| גָּאוֹן | גַּדְלוּ | גָּדַל | גָּדוֹל | **4** |
| genius | magnify! | grew | great, big | |

| | | | |
|---|---|---|---|
| גְּמָרָא | מָגֵן | גּוֹאֵל | **5** |
| part of the Talmud | shield | redeemer | |

| | | | |
|---|---|---|---|
| אֲגוֹרוֹת | תַּרְנְגֹל | גָּמָל | **6** |
| Israeli coins | rooster | camel | |

| | | | | |
|---|---|---|---|---|
| נָשָׂא | נוֹשֵׂא | נָדַד | נוֹדֵד | **7** |
| carried | carries | wandered | wanders | |

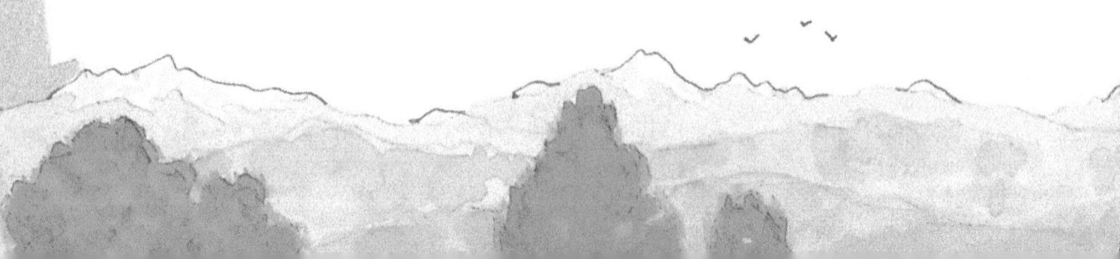

# Lesson 10

# ה ח

CHET HAY

New vowel: ֶ

Letters you know: בּ ב ר ד שׁ שׂ תּ ת

מ ל ם י ו ן א ע נ ג

Vowels you know: ֵ ַ ָ וֹ וּ ְ

**Page 65**
Lesson 10

1 הֶ הוּ הֵי הַ הָ הוֹ

2 הוּא הַהוּא הֵם הָהֵם הָיָה

3 הָיוּ הַיּוֹם הָאֵל הַלֵּל הַהוֹד

4 תּוֹרָה הַתּוֹרָה שָׁנָה הַשָּׁנָה

5 מוֹדֶה נוֹדֶה אֱלֹהֵי אֱלֹהֵינוּ

6 חוֹ חֶ חוּ חַ חֵ חָ

7 חַי חַם חַג חוּג חֵן

8 אַחַת תַּחַת יָחָד חָדָשׁ חֹדֶשׁ

9 אָח נָח מֶלַח מָשַׁח שָׁלַח

10 רוּחַ לוּחַ שָׂמֵחַ אוֹרֵחַ יָרֵחַ

11 לֶחֶם חֶדֶר עֶרֶב עֶבֶד נֶגֶב

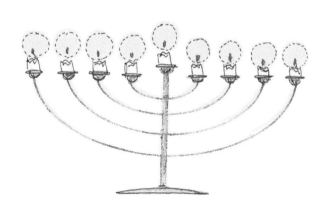

ח

ה

חוֹר

חָבֵר

הֵנָּה

הֵם

One letter in each row does not belong.
Cross out the letter that is different.

1 ח ח ה ח ח ח ח ח

2 נ נ נ נ ג נ נ נ

3 ת ב ת ת ת ת ת ת

4 ר ר ר ר ר ר ד ר

5 ת ת ת ת ח ת ת ת

6 שׁ שׁ שׁ שׁ שׂ שׁ שׁ שׁ

7 ה ה ח ה ה ה ה ה

8 ו ו ו ו ן ו ו ו

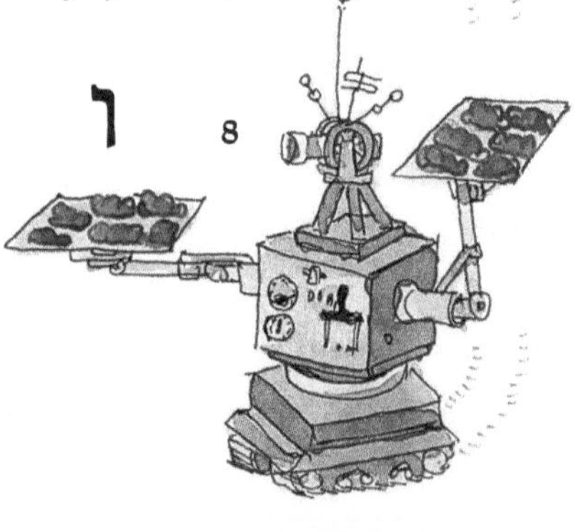

Circle the Hebrew letter whose name is in the box.
The first one is done for you.

| | | | |
|---|---|---|---|
| נ ג<br>ALEF<br>ע א | ת ב<br>VET<br>ד שׁ | שׂ שׁ<br>SIN<br>ל ע | א ת<br>AYIN<br>(ע) מ |
| בּ ח<br>CHET<br>ת ל | ן ד<br>YOD<br>ו י | נ ג<br>GIMMEL<br>בּ ב | ד שׁ<br>RESH<br>ג ר |
| ה ח<br>HAY<br>ת מ | ד ר<br>DALET<br>שׁ ת | ג נ<br>NUN<br>י ר | ל שׁ<br>SHIN<br>שׂ ע |
| מ ר<br>MEM<br>שׁ ד | ם ל<br>LAMED<br>מ ת | ב ו<br>VAV<br>י ן | ת ל<br>TAV<br>מ ג |

You now know the letters to count from one to ten in Hebrew! Practice reading the numbers over and over until you can read them all in ten seconds.

10
עֶשֶׂר
1
אַחַת
2
שְׁתַּיִם
3
שָׁלֹשׁ
4
אַרְבַּע
5
חָמֵשׁ
6
שֵׁשׁ
7
שֶׁבַע
8
שְׁמוֹנֶה
9
תֵּשַׁע

With your eyes tightly shut, aim your pencil point at the rings below.
Wherever your pencil point lands, that is the word you must read.

מָחָר
הַלְלוּיָה
אַרְבָּעָה
אוֹרֵחַ
שָׂמֵחַ
הֵם
אַח
אוֹהֶבֶת
חֲנוּת
חָבֵר
אֲרוּחָה
הַבַּיְתָה
לָמָּה
הוּא
הַיּוֹם
אֶחָד
חוֹלֶה
תַּחַת

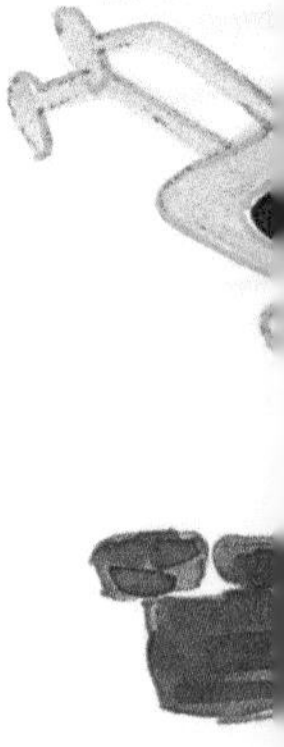

Words to read and understand.

1 חָבֵר יֶלֶד יַלְדָּה אַתָּה

you girl boy friend

2 אֱלֹהֵי אֱלֹהֵינוּ הַלְלוּ הַלְלוּיָה

praise ye the Lord! praise! our God God of

3 אוֹהֵב חוֹשֵׁב תּוֹרָה הַיּוֹם

today Torah thinks likes

4 מָחָר חַג תּוֹדָה חֹדֶשׁ חָדָשׁ

new month thank you holiday tomorrow

5 חֶדֶר מַחְבֶּרֶת אֶתְרוֹג

etrog notebook room

6 הַלֵּילוֹת הַגָּדָה אַחַת חָמֵשׁ

five one narrative the nights

7 שֶׁבַע עֶרֶב רֶגֶל לֶחֶם שֶׁמֶשׁ

sun bread foot evening seven

8 רוּחַ שָׂמֵחַ לוּחַ יָרֵחַ

moon blackboard happy wind

# Lesson 11

## כּ כ ך

CHAF: כ ך — KAF: כּ

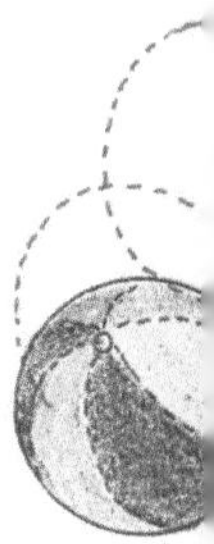

Letters you know: בּ ב ר ד שׁ שׂ תּ ת
מ ל ם י ו ן א ע נ
ג ח ה

Vowels you know: ◌ֶ ◌ְ וֹ וּ ◌ָ ◌ַ ◌ֵ

1 כֶּ כּוֹ כְּ כַּ כֵּ כֹּ

2 כָּבוֹ כַּבֵּ כָּתָ כָּדוּ כָּמָ כֹּתֶ

3 כְּבָר כְּמוֹ כּוֹבַע כֶּלֶב כְּדֵי

4 כַּבֵּד כָּבוֹד כֵּן כֹּהֵן כַּשֵׁר

5 כוּ כָ כֵי כֶ כְ כוֹ

6 כֶל כָב כֵן כֶם כָה כֹל

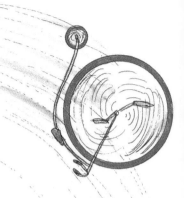

7 אוֹכֵל אֹכֶל לְכוּ בְּכָל שֶׁבְּכָל

8 מַלְכֵי מַלְכוּת בָּרְכוּ עֲלֵיכֶם

9 כָּכָה כָּמֹכָה שָׁכַח חָכָם

10 אֵיךְ וּךְ לָךְ שֶׁךְ וֹךְ

11 מֶלֶךְ דֶרֶךְ אוֹרֶךְ חֹשֶׁךְ

12 לְךָ תְךָ מְךָ דֶךָ בֶּךָ רוּךָ

13 עַמְךָ שְׁמֶךָ יָדֶךָ בֵּיתֶךָ

14 יְבָרֵךְ בְּתוֹךְ לְבָבְךָ לְבָבֶךָ

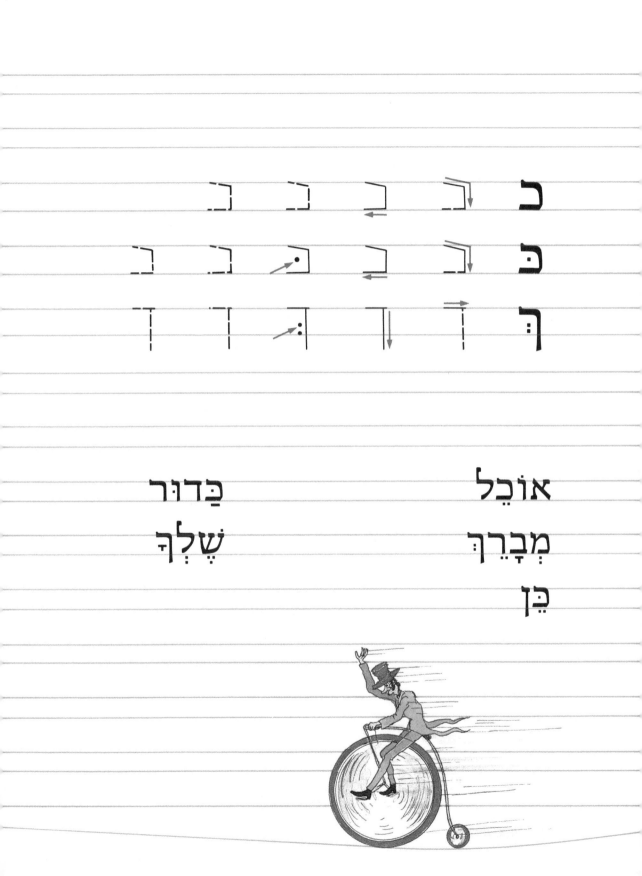

כ

כּ

ךְ

אוֹכֶל כַּדוּר

מְבָרֵךְ שֶׁלְךָ

כֵּן

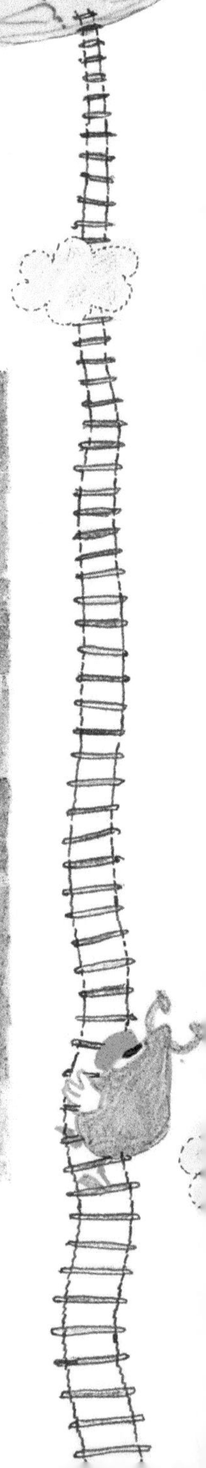

Two letters on each line have the same saying sound.
Circle the letters that sound the same.

| | | | | | | | | |
|---|---|---|---|---|---|---|---|---|
| ל | ג | ע | ו | מ | ב | תּ | בּ | 1 |
| שׁ | ע | כ | שׁ | א | ה | ד | ג | 2 |
| ת | ר | ח | ב | ה | בּ | כ | כּ | 3 |
| ך | ן | ג | ו | ל | נ | ה | י | 4 |
| ה | א | ן | ם | ב | ת | שׁ | מ | 5 |
| ר | כּ | ך | ד | מ | כ | ת | ב | 6 |
| ח | י | ן | ת | ג | ע | ב | תּ | 7 |
| ע | ך | ג | ה | נ | ח | כּ | ת | 8 |

Read the beginning sounds
with the ending sound
in the box.

דֶּ
בֶּ
לְ
מֶ
ךְ

שָׁלוֹם
שֶׁלְּ
עֲמָ
לְ
ד

יְ
שָׁ
שָׁלוּ
שָׁלָה
ם

גְּ
בְּ
אֲ
נֹתֶ
ן

**Page 77**
Lesson 11

Practice reading these twelve words.
Then put each word in the correct category.

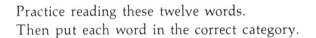

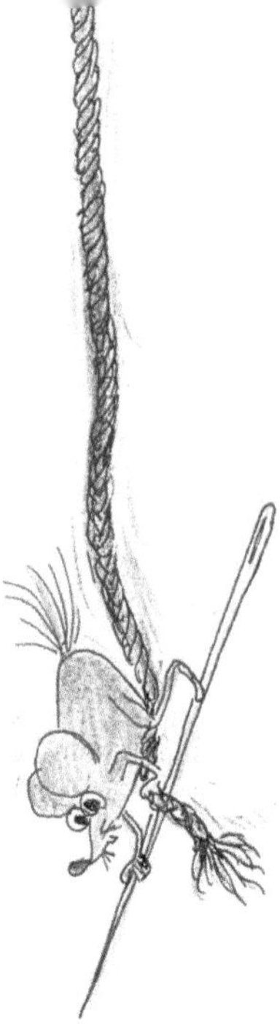

# כֶּלֶב מוֹכֵר לָךְ שֶׁלָךְ
# אוֹכֵל כֵּן הוֹלֶכֶת כַּדוּר
# לֶאֱכֹל מְבָרֵךְ כְּמוֹ שְׁמֵךְ

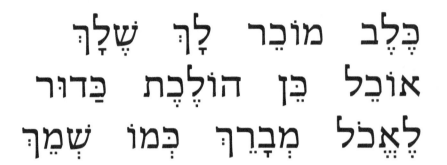

Words to read and understand.

1 מֶלֶךְ מַלְכֵּנוּ מַלְכוּת

kingdom our king king

2 בָּרְכוּ בָּרוּךְ כְּבוֹד כּוֹבַע

hat glory blessed bless!

3 בְּכָל חָכָם נָכוֹן חֹשֶׁךְ

darkness correct wise with all

4 כֵּן כַּוָּנָה כֹּחַ כָּחֹל

blue strength intention yes

5 כֹּתֶל כֶּתֶר כָּשֵׁר דֶּרֶךְ בֶּרֶךְ

knee road kosher crown wall

6 עַכְשָׁו כְּבָר כַּדּוּר כֶּלֶב

dog ball already now

7 בָּרוּךְ שֵׁם כְּבוֹד מַלְכוּתוֹ
לְעוֹלָם וָעֶד.

Blessed be His name whose glorious kingdom is forever and ever.

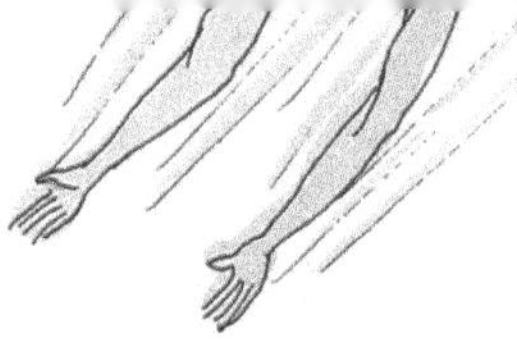

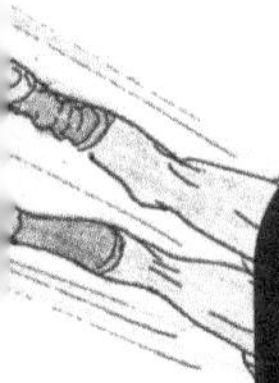

# Lesson 12

**י**

New vowels: ◌ִי ◌ִ

Letters you know: בּ ב ר ד שׁ שׂ תּ ת
מ ל ם י ו ן א ע נ
ג ח ה כּ כ ךְ

Vowels you know: ◌ֵ ◌ַ ◌ָ וּ וֹ ◌ְ ◌ֶ

1 אִ עִי נִ גִי הִ חִי

2 לִי מִי כִּי הִיא יְהִי וַיְהִי

3 אִם עִם עִיר שִׁיר גִיל אִישׁ

4 אִתִּי אִמִּי שֶׁלִּי בְּלִי בְּרִית

5 אָבִי אָבִיב אֲוִיר עַמִּים

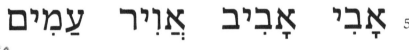

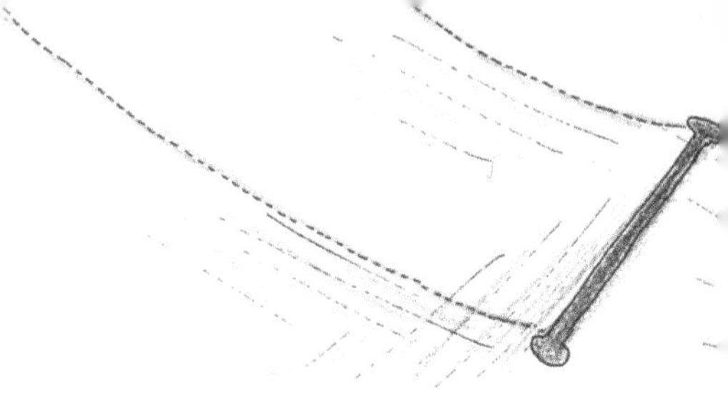

6 עָנִי אֲנִי אָנֹכִי אַחִים מֵבִין

7 חַיִים לְחַיִים שָׁמַיִם בַּשָׁמַיִם

8 אָבִינוּ עִמָנוּ לִבֵּנוּ מוֹשִׁיעֵנוּ

9 מְגִלָה תְּהִלָה מְדִינָה תְּחִלָה

10 הִנֵה מִינֵי עֶשְׂרִים יָדַיִם

11 לִכְבוֹד מִגְדַל גִבּוֹר בִּשְׁבִילִי

12 אֱלֹהִים הַמְלָכִים נָבִיא

13 שִׁמְךְ אִתְּךְ יִמְלֹךְ בְּרִיךְ

14 מָשִׁיחַ שָׁלִיחַ הִנִיחַ וְכּוֹחַ

בּ ב ר ד ש שׁ תּ ת מ ל ם

י ו ן א ע נ ג ח ה כ כּ ךְ

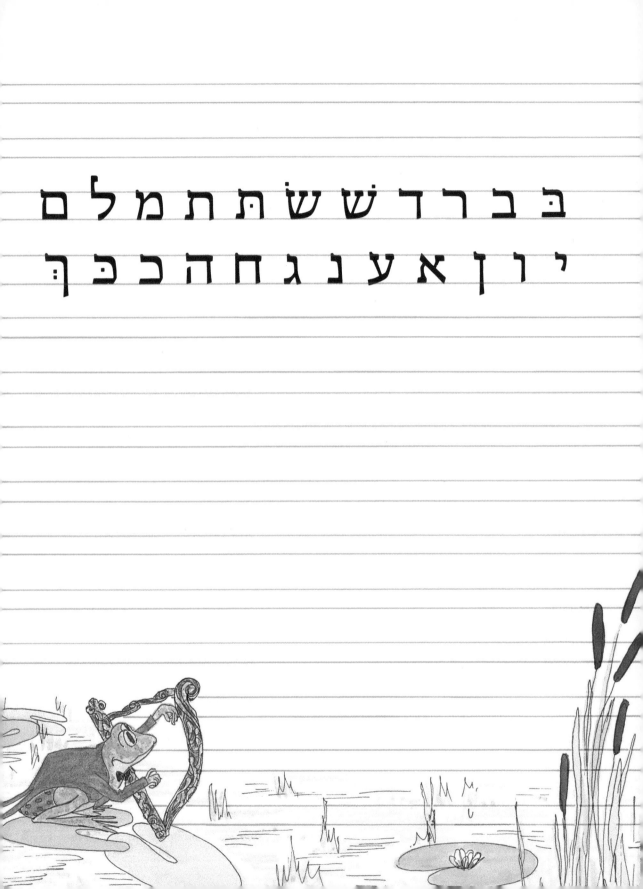

Write each English sound in Hebrew.

_____ KEH      _____ MEE

_____ SHO      _____ SO

_____ YOYO      _____ BOO

_____ MOO      _____ LAH

_____ RO      _____ SHEE

Write the Hebrew sound that

**Page 83**
Lesson 12

a cow makes _____

you do with a needle and thread _____

is the opposite of yes _____

you unlock a door with _____

can sting you _____

is at the end of your foot _____

is on the middle of your leg _____

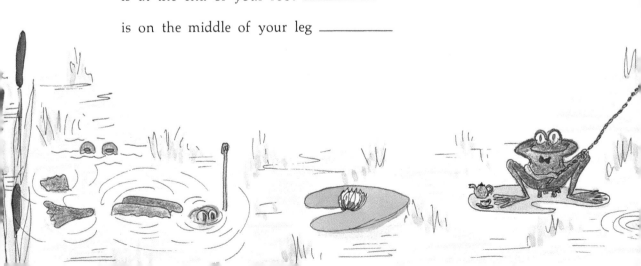

Practice reading the Hebrew words.
Look at the English letter in each flower. Put each word that contains
that sound on the flower's leaf.

כְּבָר    הִיא    חֶדֶר    כְּמוֹ

חָם    הוֹרָה    הֵם    חָבֵר

כִּי    הוּא    כֹּהֵן    חוֹר

Put each word on the line where it rhymes.

נוֹדֶה רֶשֶׁת אֱלֹהֵינוּ עַמִּים 

בָּנוּ עַתָּה יַיִן אוֹכֵל

---

1 אֲדוֹנֵינוּ מוֹשִׁיעֵנוּ ________

2 לוֹוֶה תּוֹלֶה ________

**Page 85**
Lesson 12

3 גֶשֶׁת עֶשֶׂת ________

4 לָנוּ אָנוּ ________

5 תָּמִים חָמִים ________

6 אַתָּה שָׁתָה ________

7 אֵין בֵּין ________

8 רוֹחֵל מוֹחֵל ________

Prayer Practice.

BLESSINGS BEFORE READING THE TORAH

1 בָּרְכוּ אֶת ה׳ הַמְבֹרָךְ.

Bless the Lord, who is blessed!

2 בָּרוּךְ ה׳ הַמְבֹרָךְ לְעוֹלָם וָעֶד.

Blessed be the Lord who is blessed for ever and ever.

3 בָּרוּךְ אַתָּה ה׳

Blessed are You, Lord,

4 אֱלֹהֵינוּ מֶלֶךְ הָעוֹלָם

our God, King of the universe,

5 אֲשֶׁר בָּחַר בָּנוּ

who chose us

6 מִכָּל הָעַמִּים

from all the peoples,

7 וְנָתַן לָנוּ אֶת תּוֹרָתוֹ

and gave us His Torah.

8 בָּרוּךְ אַתָּה ה׳ נוֹתֵן הַתּוֹרָה.

Blessed are You, Lord, who gives the Torah.

Prayer Practice.

1 אֵין כֵּאלֹהֵינוּ   אֵין כַּאדוֹנֵינוּ
2 אֵין כְּמַלְכֵּנוּ   אֵין כְּמוֹשִׁיעֵנוּ
3 מִי כֵאלֹהֵינוּ   מִי כַאדוֹנֵינוּ
4 מִי כְמַלְכֵּנוּ   מִי כְמוֹשִׁיעֵנוּ
5 נוֹדֶה לֵאלֹהֵינוּ   נוֹדֶה לַאדוֹנֵינוּ
6 נוֹדֶה לְמַלְכֵּנוּ   נוֹדֶה לְמוֹשִׁיעֵנוּ
7 בָּרוּךְ אֱלֹהֵינוּ   בָּרוּךְ אֲדוֹנֵינוּ
8 בָּרוּךְ מַלְכֵּנוּ   בָּרוּךְ מוֹשִׁיעֵנוּ
9 אַתָּה הוּא אֱלֹהֵינוּ
אַתָּה הוּא אֲדוֹנֵינוּ
10 אַתָּה הוּא מַלְכֵּנוּ
אַתָּה הוּא מוֹשִׁיעֵנוּ

Words to read and understand.

1 לִלְמֹד לִשְׁמֹעַ לִשְׁלֹחַ לָשִׁיר

to study — to hear — to send — to sing

2 לְחַכּוֹת לִרְאוֹת לִכְתֹּב לְהַכִּיר

to wait — to see — to write — to know

3 לְדַבֵּר לַעֲשׂוֹת לָלֶכֶת לְהַתְחִיל

to speak — to do — to go, to walk — to begin

4 עִבְרִית אַנְגְּלִית אֲנִי בַּיִת הַבַּיְתָה

Hebrew — English — I — house — homeward

5 אֲנִי יָכוֹל לִכְתֹּב וּלְדַבֵּר עִבְרִית.

I can write and speak Hebrew.

Lesson 13

# פ פּ

FAY PAY

New vowel: ֻ

Letters you know: ת תּ שׂ שׁ ד ר ב בּ
נ ע א ן ו י ם ל מ
ךְ כ כּ ה ח ג

Vowels you know: ִי ִ ֶ ֵ ְ וּ וֹ ָ ַ ֵ

Page 89
Lesson 13

1 פֶּ פֹּ פְּ פֻּ פַּ פּוּ

2 פָּחָ פָּרָ פֶּתַ פָּגַ פּוֹתֵ פַּלֵ

3 תַּפּוּ כִּפָּ מַפָּ עִפָּ יֵפָּ מִפְּ

4 פּוּרִים פְּרִי פָּנִים פָּנוּי

5 פֶּה פֹּה פֶּתַח תַּפּוּחַ

6 פְ פֻ פֶ פִ פַ פֹ

7 נֶפֶ נָפַ שָׂפָ גָפֶ לִפְ תְּפִ

8 יָפֶה יָפָה שֶׁפַע שָׂפָה

9 אֶפְשָׁר הַגָּפֶן חֻפְשָׁה אֻלְפַּן

10 חֻמָשׁ חֲנֻכָּה חֲנֻכִּיָה גְאֻלָה

11 נִפְלָא תְּפִלָה פְּנֵי מִפְּנֵי

12 כֻּלָם מְכֻבָּד שֻׁלְחָן מְבֻגָר

13 נֶפֶשׁ נַפְשְׁךָ לִפְנֵי לְפָנֶיךָ

פ

פּ

אוֹפָה פּוֹל

תְּפִלוֹת פַּח

אֵיפֹּה פֻּלְחָן

פֶּרַח

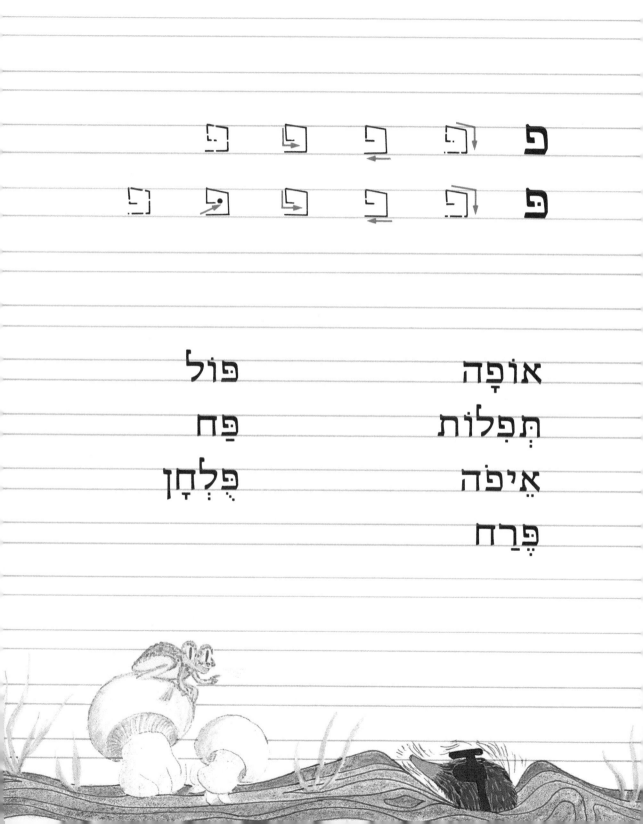

Circle the Hebrew letters that make the same sound as the English letter in the box.

| | | |
|---|---|---|
| 1 | P | בּ פ פּ תּ כּ ע שׁ ל |
| 2 | L | א ו ח ךְ ל פּ ן ג |
| 3 | S | ע כ י שׁ פ ב שׂ ם |
| 4 | K | ו בּ ךְ כּ ח ג פּ תּ |
| 5 | M | ד מ א ת ם י ל פּ |
| 6 | B | ר שׁ מ כּ ה ג בּ פּ |
| 7 | N | נ ו א כּ ן מ י ג |
| 8 | R | כ מ ר ל ד ב ת ו |
| 9 | D | ר ג ו ע ה ד ח פ |
| 10 | G | ב שׁ ד נ ר ו ג ל |
| 11 | F | כ פ ח ב ע פּ א שׂ |
| 12 | SH | י שׂ ת ה ם שׁ ו ךְ |

Write the two words that rhyme in each group.

1 יָד חַלָּה אֲנִי מִלְמוּל
אֲפִילוּ כַּד פּוּרִים כֵּן

2 פָּנִים פִּלְפּוּל פּוֹתֵחַ מִלְמוּל
רוֹפֵא פֹּה אֵיפֹה עִפָּרוֹן

**Page 93**
Lesson 13

3 בָּרוּךְ עָנִי מֶלֶךְ אֲרוּחָה
פְּרִי שׁוֹפָר פֶּה פָּנִים

4 אוֹפֶה גֵרוּשׁ חֲנֻכָּה בָּרוּךְ
אֵין פּוֹתֵחַ פְּרִי פֵּרוּשׁ

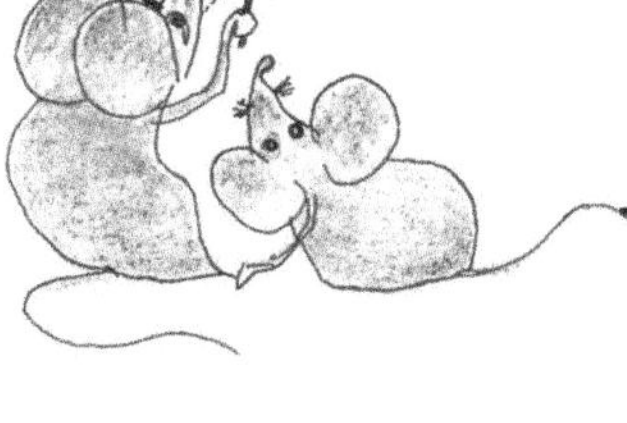

Play TIC TAC TOE with a classmate. Before you make an X or O you have to read the word on the puzzle piece correctly.

| | | |
|---|---|---|
| מִשְׁפָּחָה | פּוּרִים | לַיְלָה |
| אֲשֶׁר | תְּפִלּוֹת | פּוֹתֵחַ |
| פּוֹל | חָפְשִׁי | הָעוֹלָם |

| | | |
|---|---|---|
| פֹּה | אַנְגְלִית | פָּרָשָׁה |
| אַתָּה | רוֹפֵא | אֲפִילוּ |
| הַגָּפֶן | יָפֶה | כִּפָּה |

| | | |
|---|---|---|
| פָּנִים | חָמֵשׁ | מֶלֶךְ |
| פְּרִי | אֶפְשָׁר | פֵּרוּשׁ |
| עִפָּרוֹן | בּוֹרֵא | פֶּה |

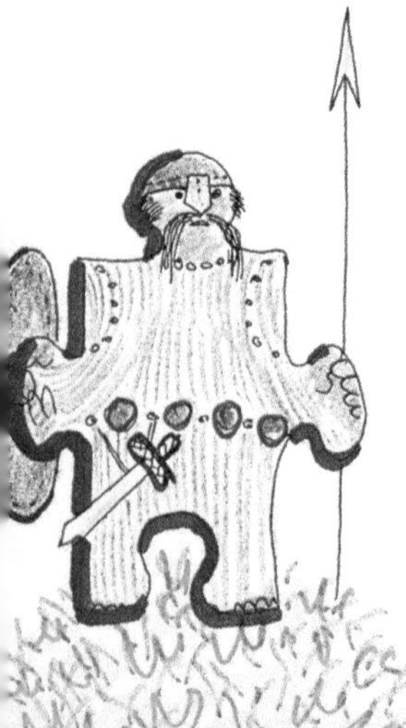

You now know enough letters to read the names of seven Jewish holidays.

# רֹאשׁ הַשָּׁנָה     יוֹם כִּפּוּר

# פּוּרִים     שִׂמְחַת תּוֹרָה

# שָׁבוּעוֹת     חֲנֻכָּה     שַׁבָּת

Write the name of each holiday on the correct line.

**Page 95**
Lesson 13

I am thinking of a holiday when we

blow the שׁוֹפָר. ____________________

do not eat. ____________________

light the מְנוֹרָה. ____________________

boo when we hear the name הָמָן. ____________________

celebrate every week. ____________________

finish reading the תּוֹרָה. ____________________

celebrate the giving of the תּוֹרָה. ____________________

Words to read and understand.

1 שׁוֹפָר פְּרִי פֹּה עִפָּרוֹן

shofar — fruit — here — pencil

2 פּוּרִים חֲנֻכָּה חֻמָּשׁ פָּרָשָׁה

Purim — Hanukkah — the Five Books of Moses — chapter

3 יָפֶה אֵיפֹה רוֹפֵא חָפְשִׁי

nice — where is? — doctor — free

4 אֶפְשָׁר אֲפִילוּ לִפְעָמִים

maybe — even — sometimes

5 כִּפָּה פֶּה פָּנִים אֲרֻחָה

skull cap — mouth — face — meal

6 מִשְׁפָּחָה תְּפִלָּה פּוֹתֵחַ לַיְלָה

family — prayer — opens — night

Prayer Practice.

THE SH'MA

# שְׁמַע יִשְׂרָאֵל ה׳ אֱלֹהֵינוּ ה׳ אֶחָד.

Hear, O Israel: The Lord is our God, the Lord is One.

BLESSING OVER WINE

# בָּרוּךְ אַתָּה ה׳ אֱלֹהֵינוּ מֶלֶךְ הָעוֹלָם

**Page 97**
Lesson 13

Blessed are You, Lord, our God, King of the universe

# בּוֹרֵא פְּרִי הַגָּפֶן.

who creates the fruit of the vine.

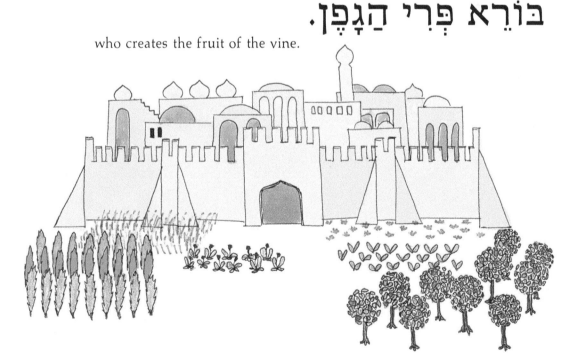

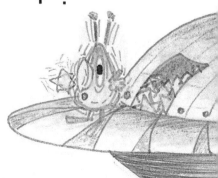

# Lesson 14

# ט ק

KOOF TET

Letters you know: בּ ב ר ד שׁ שׂ תּ ת מ
ל ם י ו ן א ע נ ג
ח ה כּ כ ךְ פ פּ

Vowels you know: ◌ֵ ◌ַ ◌ָ וֹ וּ ◌ְ ◌ֶ ◌ִ ◌ִי ◌ֻ

1 טוֹ טוּ טִ טָ טֵ טֶ

2 טוֹב טוֹבָה טוּב טוּבוֹ טַהֵר

3 לְאַט מְעַט כִּמְעַט מַבִּיט

4 מַפְטִיר הַפְטָרָה שׁוֹפֵט

5 נוֹטֶה נָטַע מִבְטָא לְמַטָּה

6 שְׁבָט שָׁבַת טַלִּית תֵּאַטְרוֹן

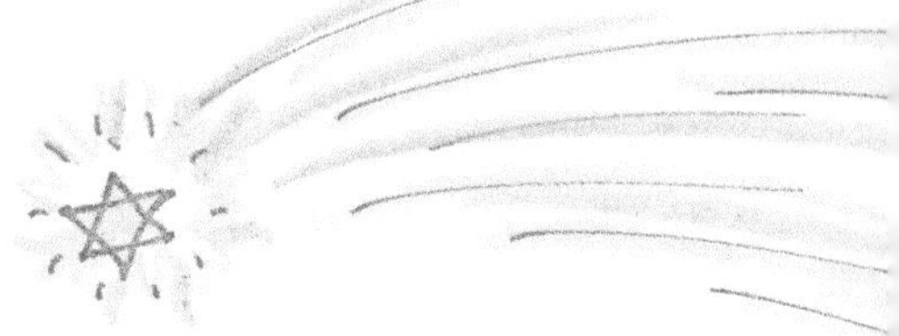

7 קוֹ קֶ קַ קֻ קִי קָ

8 קוֹ כּוֹ קֻכֻּ קֶ כֶּ קִכִּ

9 קַל קַר קִיר קוֹל קָם קַיָם

10 רַק תִּיק חֻק דַק יָקָר נָקִי

11 קָטָן קְטַנָה קֹדֶם קָדִימָה

**Page 99**
Lesson 14

12 לֶקַח לוֹקֵחַ קָרוֹב רָחוֹק

13 קוֹרֵא מִקְרָא תִּקְוָה מְתֻקָה

14 קָדוֹשׁ קִדוּשׁ קִדְשָׁנוּ קִדַשְׁתָּ

15 קֹדֶשׁ מְקַדֵשׁ נְקַדֵשׁ וְקִיְמָנוּ

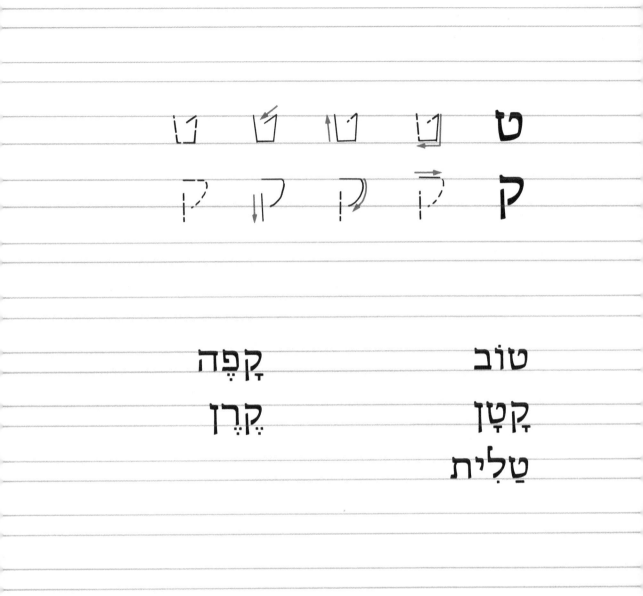

ט

ק

טוֹב קָפֶה

קָטָן קֶרֶן

טַלִית

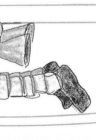

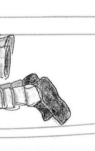

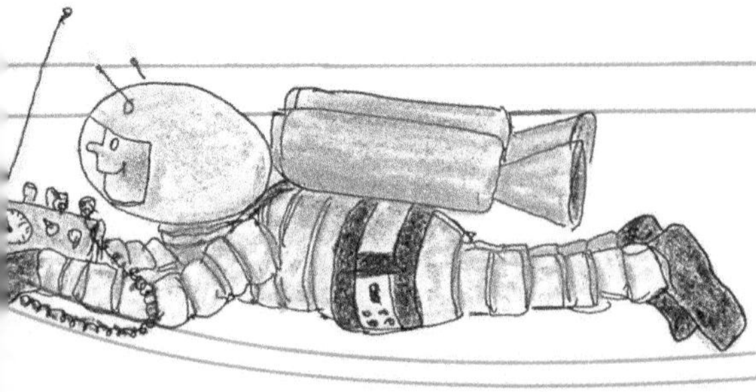

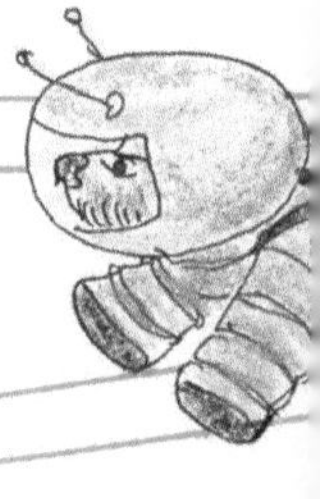

Connect the letters in each box     that sound the same.

Box 1:
חֹ א
שׁ פ
בּ ג
פ כ

Box 2:
כ ט
נ שׁ
תּ א
גּ בּ

Box 3:
קּ בּ
בּ תּ
שׁ
מ

Box 4:
ר ז
פ א
גּ כ
י שׁ

Box 5:
ה מ
בּ תּ
ט שׁ
נ קּ

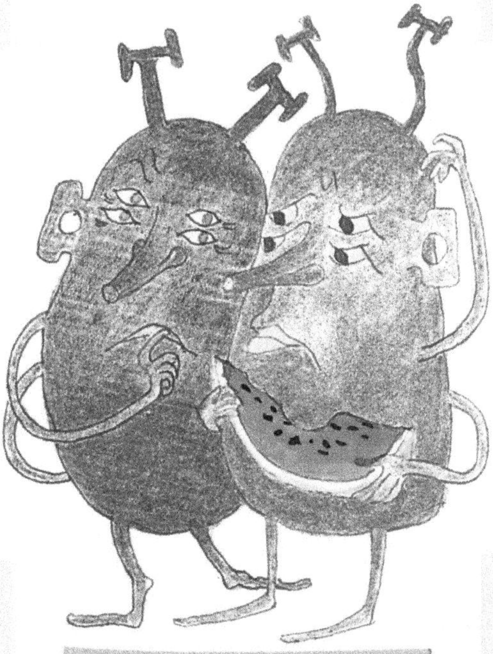

Box 6:
גּ י
ז ח
מ פּ
שׁ נ

Box 7:
ט י
ה ל
מ בּ
קּ ם

Box 8:
שׁ פּ
ע ר
נ ד
כ א

Balance the kite's tail by writing in the words that contain the sound of K.

כִּתָּה קָטַע קֶרֶן כֶּרֶם בֵּן

בְּכוֹר קוֹל קַיִן מַקֵל יָכוֹל

בְּכָל לֵב כָּל כֵּן

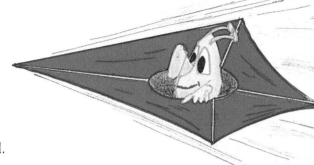

Words to read and understand.

| | | | | |
|---|---|---|---|---|
| 1 | טוֹב | בֹּקֶר טוֹב | לַיְלָה טוֹב | |
| | good | good morning | good night | |
| 2 | יוֹם טוֹב | שְׁבָט | טֵבֵת | |
| | holiday | Hebrew month | Hebrew month | |
| 3 | קָדוֹשׁ | קִדּוּשׁ | קֹדֶשׁ | קִדְּשָׁנוּ |
| | holy | sanctification | holiness | sanctified us |
| 4 | טַלִּית | לְהַדְלִיק | קוֹרֵא | קַל |
| | prayer shawl | to kindle | reads | easy |
| 5 | בְּבַקָּשָׁה | יְרָקוֹת | אֲפִּקוֹמָן | |
| | please | vegetables | Afikomen | |
| 6 | הַקָּפוֹת | מִשְׁפָּט | נְקֻדּוֹת | |
| | processions | judgment | vowels | |
| 7 | קָטָן | קֶרֶן | נָטַע | יַעֲקֹב |
| | little | horn | planted | Jacob |

## BLESSINGS AFTER READING THE TORAH

1 בָּרוּךְ אַתָּה ה׳ אֱלֹהֵינוּ מֶלֶךְ הָעוֹלָם

Blessed are You, Lord, our God, King of the universe,

2 אֲשֶׁר נָתַן לָנוּ תּוֹרַת אֱמֶת

who has given us the Torah of truth

3 וְחַיֵּי עוֹלָם נָטַע בְּתוֹכֵנוּ.

and has implanted within us eternal life.

4 בָּרוּךְ אַתָּה ה׳ נוֹתֵן הַתּוֹרָה.

Blessed are You, Lord, who gives the Torah.

Hebrew songs to sing.

הִנֵּה מַה טּוֹב וּמַה נָּעִים

Behold how good and how pleasant it is

שֶׁבֶת אַחִים גַּם יָחַד

for brothers to dwell together as one.

לֹא יִשָּׂא גוֹי אֶל גוֹי חֶרֶב

Nation shall not lift up sword against nation.

לֹא יִלְמְדוּ עוֹד מִלְחָמָה

They shall not learn war anymore.

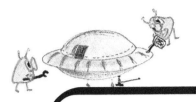

# Lesson 15 ז צ ץ

TSADEE ZAYIN

Letters you know: בּ ב ר ד שׁ שׂ תּ ת מ
ל ם י ו ן א ע נ ג
ח ה כּ כ ךְ פ פּ ק ט

Vowels you know: ◌ֵ ◌ַ ◌ָ וּ וֹ ◌ְ ◌ֶ ◌ִ ◌ִ ◌ֹ ◌ֻ

1 זוֹ זוּ זִי זֵי זָ זְ

2 זוֹל זַר זֶה זֹאת זוּג עֹז

3 זְמַן זָהָב זֵכֶר זֵיתִים זְמִירוֹת

4 מַזָל מָזוֹן חַזָן חָזַק מְזוּזָה

5 צֶ צַ צְ צוֹ צֱ צִ

6 צַר צְדָ צָפוֹ צִיוֹ צִיצִי

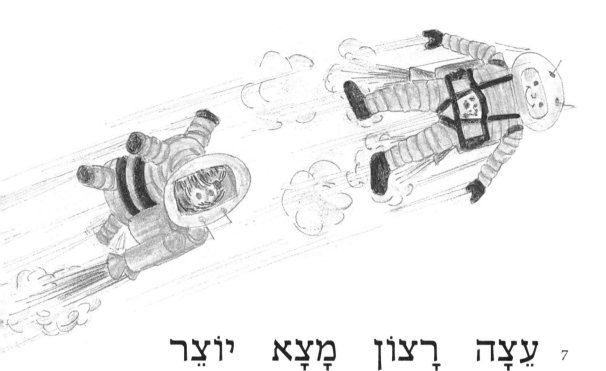

7 עֵצָה רָצוֹן מָצָא יוֹצֵר

**Page 107**
Lesson 15

8 צִיוֹן צַדִי צְדָקָה צָרִיךְ

9 חֵצִי עָצוּב הוֹצִיא מְצֻיָן

10 עֵץ וּץ יִץ רֶץ בּוּץ

11 מִיץ רָץ חוּץ רוּץ חָמֵץ

12 אֶרֶץ קִבּוּץ חַלוּץ קַיִץ

13 עוֹזֵר חַזֶרֶת זִכָּרוֹן מַזְמִין

14 מַצָה מַצוֹת מִצְוָה מְצַוְךָ

צ

ץ

ז

| | |
|---|---|
| מִיץ | צַדִּיק |
| מַזָּל | מַצָּה |
| מְזוּזָה | מִצְוָה |
| | עֵץ |

Write the Hebrew letter on the typewriter key under the English saying sound. Remember, sometimes different Hebrew letters have the same saying sound. Use a Hebrew letter only once.

Words to read and understand.

1 אֶרֶץ צִיוֹן אַרְצוֹת הַבְּרִית

land — Zion — United States

2 מַזָל מָזוֹן מְצֻיָן מַצָה

luck — food — excellent — matzah

3 מִצְוָה מִצְוֹת בְּמִצְוֹתָיו

commandment — commandments — by His commandments

4 זֶה זְמַן בַּזְמַן הַזֶה זֵכֶר

this (is) — time — at this time — remembrance

5 זְמִירוֹת מְזוּזָה זָהָב בֵּיצָה

religious songs — mezuzah — gold — egg

6 זִכָּרוֹן רוֹצֶה צוֹחֵק יִצְחָק

memory — want — laughs — Isaac

7 עֵץ עֵצִים יוֹם הָעַצְמָאוּת

tree — trees — Independence Day

8 צוּר הַמוֹצִיא מִמִצְרָיִם

rock — who brings forth — from Egypt

Prayer Practice.

BLESSING OVER SABBATH LIGHTS

1 בָּרוּךְ אַתָּה ה׳ אֱלֹהֵינוּ מֶלֶךְ הָעוֹלָם

Blessed are You, Lord, our God, King of the universe

2 אֲשֶׁר קִדְּשָׁנוּ בְּמִצְוֹתָיו

who has sanctified us by His commandments

3 וְצִוָּנוּ לְהַדְלִיק נֵר שֶׁל שַׁבָּת.

and commanded us to kindle the Sabbath light.

**Page 111**
Lesson 15

BLESSING OVER BREAD

1 בָּרוּךְ אַתָּה ה׳ אֱלֹהֵינוּ מֶלֶךְ הָעוֹלָם

Blessed are You, Lord, our God, King of the universe

2 הַמּוֹצִיא לֶחֶם מִן הָאָרֶץ.

who brings forth bread from the earth.

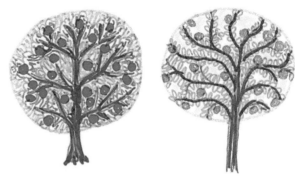

SABBATH KIDDUSH

1 בָּרוּךְ אַתָּה ה׳ אֱלֹהֵינוּ מֶלֶךְ הָעוֹלָם

Blessed are You, Lord, our God, King of the universe

2 אֲשֶׁר קִדְּשָׁנוּ בְּמִצְוֹתָיו וְרָצָה בָנוּ

who made us holy by His commandments and favored us

3 וְשַׁבַּת קָדְשׁוֹ בְּאַהֲבָה וּבְרָצוֹן הִנְחִילָנוּ

and gave us as an inheritance His holy Sabbath in love and in favor,

**Page 112**
Lesson 15

4 זִכָּרוֹן לְמַעֲשֵׂה בְרֵאשִׁית.

a reminder of the works of Creation.

5 כִּי הוּא יוֹם תְּחִלָּה לְמִקְרָאֵי קֹדֶשׁ

For it is a first day among the festivals of holiness,

6 זֵכֶר לִיצִיאַת מִצְרָיִם.

a reminder of the Exodus from Egypt.

7 כִּי בָנוּ בָחַרְתָּ

For You have chosen us

**Page 113**
Lesson 15

8   וְאוֹתָנוּ קִדַּשְׁתָּ מִכָּל הָעַמִּים
and have made us holy among all the peoples,

9   וְשַׁבַּת קָדְשְׁךָ בְּאַהֲבָה וּבְרָצוֹן הִנְחַלְתָּנוּ.
and have given us as an inheritance Your holy Sabbath in love and in favor.

10   בָּרוּךְ אַתָּה ה׳ מְקַדֵּשׁ הַשַּׁבָּת.
Blessed are You, Lord, who makes the Sabbath holy.

11   בָּרוּךְ אַתָּה ה׳ אֱלֹהֵינוּ מֶלֶךְ הָעוֹלָם
Blessed are You, Lord, our God, King of the universe

12   בּוֹרֵא פְּרִי הַגָּפֶן.
who creates the fruit of the vine.

BLESSINGS BEFORE THE HAFTARAH

1 בָּרוּךְ אַתָּה ה׳ אֱלֹהֵינוּ מֶלֶךְ הָעוֹלָם

Blessed are You, Lord, our God, King of the universe

2 אֲשֶׁר בָּחַר בִּנְבִיאִים טוֹבִים

who has chosen good prophets

3 וְרָצָה בְדִבְרֵיהֶם הַנֶּאֱמָרִים בֶּאֱמֶת.

and has found delight in their words spoken in truth.

4 בָּרוּךְ אַתָּה ה׳ הַבּוֹחֵר בַּתּוֹרָה

Blessed are You, Lord, who has chosen the Torah

5 וּבְמֹשֶׁה עַבְדוֹ וּבְיִשְׂרָאֵל עַמּוֹ

and Moses Your servant and Israel Your people

6 וּבִנְבִיאֵי הָאֱמֶת וָצֶדֶק.

and Your prophets of truth and righteousness.

**Page 114**
Lesson 15

BLESSING ON SPECIAL OCCASIONS

1   בָּרוּךְ אַתָּה ה׳ אֱלֹהֵינוּ מֶלֶךְ הָעוֹלָם

Blessed are You, Lord, our God, King of the universe

2   שֶׁהֶחֱיָנוּ

who has given us life

3   וְקִיְּמָנוּ

and sustained us

4   וְהִגִּיעָנוּ

and brought us

5   לַזְּמַן הַזֶּה.

to this season.

# Lesson 16

## ף ס

FINAL FAY SAMECH

Letters you know: בּ ב ר ד שׁ שׂ תּ ת מ ל
ם י ו ן א ע נ ג ח ה
כּ כ ךְ פּ פ ק ט צ ץ ז

Vowels you know: ◌ֵ ◌ַ ◌ָ וּ וֹ ◌ְ ◌ֵ ◌ֶ ◌ִ ◌ֹ ◌ֶ

1 סָ סֵ סֶ סִי סוֹ סוּ

2 נֵס סוֹד סַל כּוֹס סוּס

3 סִדוּר סֵדֶר סֵפֶר סוֹפֵר

4 סִפּוּר מְסַפֵּר סִפֵּר מִסְפָּר

5 סוֹגֵר סָגוּר נָסַע נְסִיָּה

6 חֶסֶד חֲסָדִים חַסְדוֹ חַסְדֵי

7 סָבִיב סְבִיבוֹן סַבְלָנוּת

8 וֹףּ אַףּ סַףּ יֵףּ לֶףּ

9 סוּףּ גוּףּ כַּףּ עוֹףּ סוֹףּ

10 מוּסָףּ חֹרֶףּ אֶלֶףּ כֶּסֶףּ

ס

ף

סוּס　　כַּף

סַבָּא　　סוֹף

סֵפֶר

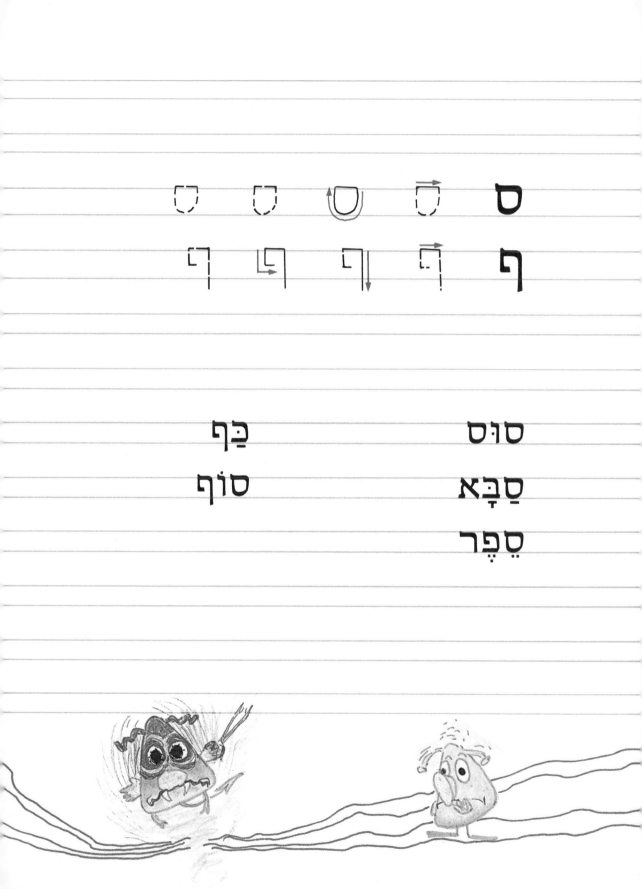

Two letters on each line have the same saying sound.
Circle the two letters that sound the same.

1 ש ק ל מ ס ם נ ג

2 ד ר א ת ע צ שׁ ה

3 ל ס פּ שׂ בּ שׁ ם א

4 ג בּ תּ ע ץ ט ו פ

5 ת ף ל פ כ פּ ק צ

6 ב ה בּ כ ו נ כּ ז

7 ך ט צ ף א ן י ץ

8 י כּ שׁ ל ח ז ק ה

9 ה ו ד ח ט כ ל נ

You have learned all the letters of the Hebrew alphabet.
Here is how they appear in alef bet order.

א ב ב ג ד ה ו ז ח ט י כ כ ך ל
מ ם נ ן ס ע פ פ ף צ ץ ק ר ש
ש ת ת

Fill in the missing letters of the Hebrew alphabet.

| | |
|---|---|
| ט__ז | א__ב |
| פ__ע | ו__ח |
| ת__ש | מ__ן |
| ן__ס | ש__ק |
| ג__ב | ו__ד |
| ז__ה | ט__כ |
| כ__י | ד__ב |
| ס__נ | פ__ס |

**Page 120**
Lesson 16

Practice writing the Hebrew alphabet in the correct order.
Challenge: Can you memorize the complete alef bet?

THE FOUR QUESTIONS

מַה נִּשְׁתַּנָּה הַלַּיְלָה הַזֶּה  1

Why is this night different

מִכָּל הַלֵּילוֹת?  2

from all other nights?

שֶׁבְּכָל הַלֵּילוֹת אָנוּ אוֹכְלִין  3

For on all other nights we eat

חָמֵץ וּמַצָּה  4

either leavened or unleavened bread (matzah);

הַלַּיְלָה הַזֶּה כֻּלּוֹ מַצָּה.  5

on this night (we eat) only unleavened bread.

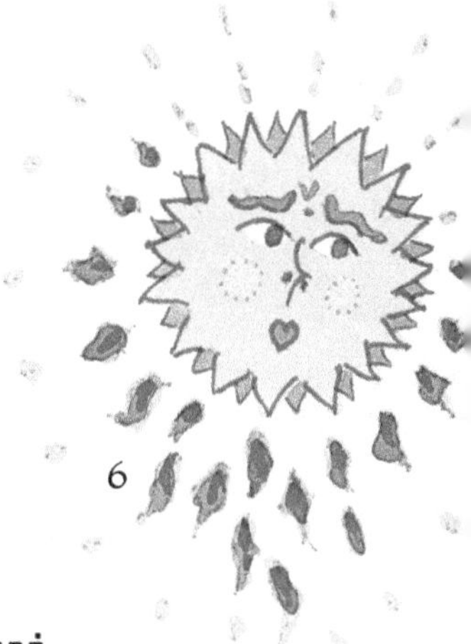

6 שֶׁבְּכָל הַלֵּילוֹת אָנוּ אוֹכְלִין

For on all other nights we eat

7 שְׁאָר יְרָקוֹת

all kinds of herbs (green vegetables);

8 הַלַּיְלָה הַזֶּה מָרוֹר.

on this night (we eat) bitter herbs (horse-radish).

9 שֶׁבְּכָל הַלֵּילוֹת אֵין אָנוּ מַטְבִּילִין

For on all other nights we do not dip

**Page 123**
Lesson 16

10 אֲפִילוּ פַּעַם אֶחָת

even one time;

11 הַלַּיְלָה הַזֶּה שְׁתֵּי פְעָמִים.

on this night (we dip) two times.

12 שֶׁבְּכָל הַלֵּילוֹת אָנוּ אוֹכְלִין

For on all other nights we eat

13 בֵּין יוֹשְׁבִין וּבֵין מְסֻבִּין

either sitting up or reclining (leaning);

14 הַלַּיְלָה הַזֶּה כֻּלָּנוּ מְסֻבִּין.

on this night we all recline.

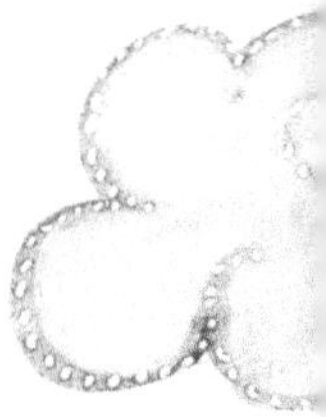

READING THAT FOLLOWS THE SH'MA

1 וְאָהַבְתָּ אֵת ה׳ אֱלֹהֶיךָ

You shall love the Lord, your God,

2 בְּכָל לְבָבְךָ וּבְכָל נַפְשְׁךָ וּבְכָל מְאֹדֶךָ

with all your heart, with all your soul, and with all your might.

3 וְהָיוּ הַדְּבָרִים הָאֵלֶּה

And these words

4 אֲשֶׁר אָנֹכִי מְצַוְּךָ הַיּוֹם עַל לְבָבֶךָ.

which I command you this day shall be upon your heart.

5 וְשִׁנַּנְתָּם לְבָנֶיךָ

Page 124
Lesson 16

You shall teach them diligently to your children,

6 וְדִבַּרְתָּ בָּם

and shall speak of them

7 בְּשִׁבְתְּךָ בְּבֵיתֶךָ וּבְלֶכְתְּךָ בַדֶּרֶךְ

when you sit in your house, when you walk by the way,

8 וּבְשָׁכְבְּךָ וּבְקוּמֶךָ.

when you lie down, and when you rise up.

9 וּקְשַׁרְתָּם לְאוֹת עַל יָדֶךָ

You shall bind them for a sign upon your hand

10 וְהָיוּ לְטֹטָפֹת בֵּין עֵינֶיךָ.

and they shall be for frontlets between your eyes.

Lesson 16

11 וּכְתַבְתָּם עַל מְזֻזוֹת בֵּיתֶךָ

You shall write them upon the doorposts of your house

12 וּבִשְׁעָרֶיךָ.

and upon your gates.

13 לְמַעַן תִּזְכְּרוּ וַעֲשִׂיתֶם אֶת כָּל מִצְוֹתָי

That you may remember and do all My commandments

14 וִהְיִיתֶם קְדוֹשִׁים לֵאלֹהֵיכֶם.

and be holy unto your God.

15 אֲנִי ה׳ אֱלֹהֵיכֶם.

I am the Lord your God.

Synagogue Prayers

כִּי מִצִּיּוֹן תֵּצֵא תוֹרָה    1
Out of Zion shall come forth Torah

וּדְבַר ה׳ מִירוּשָׁלָיִם    2
and the word of the Lord out of Jerusalem.

בָּרוּךְ שֶׁנָּתַן תּוֹרָה    3
Praised be He who gave the Torah

לְעַמּוֹ יִשְׂרָאֵל בִּקְדֻשָׁתוֹ.    4
to His people Israel in His holiness.

וְזֹאת הַתּוֹרָה    1
This is the Torah

אֲשֶׁר שָׂם מֹשֶׁה    2
that Moses placed

לִפְנֵי בְּנֵי יִשְׂרָאֵל    3
before the children of Israel.

עַל פִּי ה׳ בְּיַד מֹשֶׁה.    4
It was given by God through Moses.